社会保险制度的经济学阐释

江　昀　著

哈尔滨工程大学出版社
Harbin Engineering University Press

内 容 简 介

本书从经济学的角度阐释了社会保险(社保)制度的本质,运用经济学的普遍原理来分析社保制度中的若干问题,包括社保中各方的博弈、社保中的不确定风险、社保中的价格形成机制等,以及法规的制定目的、可行性分析、实际执行中可能存在的风险等问题,并对国外社保政策进行了分析。

本书可作为经济管理专业的学生学习用书,也可作为社会保险学研究者参考用书。

图书在版编目(CIP)数据

社会保险制度的经济学阐释/江昀著. —哈尔滨：
哈尔滨工程大学出版社, 2019.5
ISBN 978 - 7 - 5661 - 2269 - 8

Ⅰ. ①社⋯　Ⅱ. ①江⋯　Ⅲ. ①社会保险制度 - 研究 -
中国　Ⅳ. ①F842.61

中国版本图书馆 CIP 数据核字(2019)第 092031 号

选题策划　夏飞洋
责任编辑　夏飞洋
封面设计　李海波

出版发行	哈尔滨工程大学出版社
社　　址	哈尔滨市南岗区南通大街 145 号
邮政编码	150001
发行电话	0451 - 82519328
传　　真	0451 - 82519699
经　　销	新华书店
印　　刷	北京中石油彩色印刷有限责任公司
开　　本	787 mm×960 mm　1/16
印　　张	11
字　　数	220 千字
版　　次	2019 年 5 月第 1 版
印　　次	2019 年 5 月第 1 次印刷
定　　价	48.00 元

http://www.hrbeupress.com
E-mail:heupress@ hrbeu.edu.cn

前　　言

本书以经济学作为工具,结合社会保险尤其是医疗保险中的诸多现实问题,讨论了制度背后的经济学原理。从经济学的角度解析社保的政策性和市场性,以对医疗保险的分析为切入点,理性地看待当前医疗保险制度中存在的问题和困难,真正做到高屋建瓴、学以致用,增强对我国社保制度发展的理解,客观分析医保的重大意义和面临的挑战。

对于社会保险问题,如果缺乏现代经济学思维方式去定性、定量的评价,就很难做到客观、深刻。医疗保险是社会保险制度中最重要的险种之一,本书重点在于结合现实中的医保问题,比如,罕见病药物和慢性病药物进入医保体系的问题、医保报销比例问题、基本药物目录问题、药物推广和医药学术代表问题、新药专利保护制度和仿制许可问题,等等,从经济学的角度阐释这些政策的本质。本书还引入了少量的法学、临床用药基本知识,让读者的知识结构更加全面,眼界更开阔,思维方式更立体。

从编写体例上,本书分为三篇。

第一篇为经济学理论基础,主要包括:经济学的基本假设、市场理论、需求的微观分析、价格效应、供给分析、交易费用、市场均衡、博弈论、福利经济学、不确定性、市场失灵及政府失灵问题。

第二篇以经济学原理来评价和解释社保中的若干问题。这部分主要内容:保险的原理、社保的经济学本质、社保中各方的博弈、价格形成机制。

第三篇为全书的重点,所占篇幅最大,内容涵盖国外的医保政策现状及讨论、临床用药时的收益识别与计量、临床用药时的生命质量指标计量、治疗中的成本－效益分析、预算影响分析、基本药物制度的经济学意义。

全书围绕"社会保险中的医疗保险"这个问题,以经济学的基本原理进行了解剖,将抽象的经济学规律、原理应用到社会现实的分析之中,相信对锻炼读者的批判思维能力和知识运用能力会有一些帮助。

最后特别感谢北京政法职业学院院系领导对本书编写给予的指导和帮助。

江 昀

2019 年 3 月

作者简介

江昀,1982 年 5 月出生,贵州省贵阳市人。北京政法职业学院原国际商务法律专业教研室主任及中澳合作办学负责人。于 1999 年获得对外经济贸易大学经济学学士学位,于 2004 年获得英国诺丁汉大学经济学硕士学位。澳大利亚 TAFE 北悉尼学院访问学者。近 5 年,主编教材 5 部,发表论文 10 余篇,译著 4 部;主持和参加国家级、市级研究课题 10 项。曾获得北京市职业院校优秀青年骨干教师、院级骨干教师、院级优秀教师、院级优秀工作者等多项奖励与荣誉。

目　　录

第3篇 医疗保险中的经济学评价

第1篇　经济学原理简介

第1章 经济学基本原理

1.1 绪 论

1.1.1 经济学的研究对象

经济学是一门研究人类经济活动本质和规律的科学,与人们的日常生活息息相关,主要围绕"生产什么""如何生产"以及"为谁生产"这三个方面展开深入分析,其核心是探索人们的经济行为与稀缺资源的最终用途之间的联系,定量地分析人类行为背后隐藏的规律。

经济学主要分为以凯恩斯为代表的宏观经济学及以亚当·斯密为代表的微观经济学(古典经济学)两大领域。

微观经济学的研究对象是个体经济单位,即单个消费者、单个生产者和单个市场。为此,微观经济学对个体经济的研究主要分为三个层面:消费者和生产者的效用与决策;单个市场的均衡问题;整体市场的均衡价格与均衡数量的决定。

宏观经济学研究社会总体的经济行为和后果,从总量上分析和解决问题,内容涵盖宏观经济学理论、经济政策及经济计量模型等,侧重于研究它们在国民经济中的总量及其相互关系,具体表现在剖析影响国民收入、就业水平、通货膨胀等经济总量的决定因素,以及这些变量是如何波动的。其重点在于探索政府对国民经济的宏观调控,探索政府在遵循市场经济发展客观规律的前提下如何通过相关经济政策和经济手段对整体经济进行宏观调控,从而实现经济资源的最优化配置和整体社会福利的最大化。本书侧重于介绍微观经济学的知识和运用。

1.1.2 经济学的研究方法

为了科学客观地分析人们的经济行为,总结经济规律,经济学有一套以数量分析为特征的分析方法,如边际分析法、实证分析法、均衡分析法、个量与总量分析法、短期与长期分析法等。

边际分析法是一种最为基础和重要的经济学研究方法。经济学家用边际变动来表示某种微小增量的调整。边际概念来源于数学,是指额外增加一单位自变量所引起的因变量的变动情况。经济学的基本假定是理性,经济学家用数学中求极值的方法来表达这个假定。理性是指在进行决策时通常会将边际收益与边际成本进行比较。只有当边际收益大于边际成本时,理性决策者才会选择做这件事。

实证分析法对经济现象、经济行为或经济活动及其发展趋势进行客观分析,通过解释事实得出一系列规律性的结论,并由此做出预测。该分析法注重用统计数据和模型等方法客观反映事实,不加入任何主观价值判断。

均衡分析法对经济均衡的形成与变动条件进行分析,可分为局部均衡和一般均衡。局部均衡是指只考虑经济体系中某一因素(局部)对均衡的形成和变动所产生的影响,如产品市场中的局部均衡分析主要针对某种商品的供求变动或政府的某项政策对商品价格和产量的影响,以及价格和产量对消费者及生产者的影响;一般均衡主要分析整体经济体系各个市场、各个商品的供求达到均衡的条件和方法。

无论是何种分析方法,经济学家的目的都是希望通过这些较为客观的分析方法去总结支配经济现象的一般规律。

然而,正是因为经济学的核心是研究人类的经济活动、解释人类的经济行为,经济学的研究对象是人,经济学家也是人,要完全排除主观感情、不带任何主观偏见地去客观分析经济活动和经济行为是非常困难的。因此,即便面对同一种经济现象,经济学家们常常也是众说纷纭,看法不一。

1.1.3 经济学的五个基本假设

与其他自然科学的研究模式相似,经济学家常常通过各种假设把纷繁复杂的经济现象变得更加简单清晰,突出经济学现象中的共性,使人们更容易理解和分析出事件背后的经济原理。

例如,为了研究某一国家生产可能性曲线①,经济学家提出了三个前提假设条件:

一、固定的资源量

在同一时期内,该国家在投入生产时所需要的资源(自然资源和人力资源)保持不变。

二、资源得到充分利用

假设该国家的资源被用到了极致,没有任何浪费或者管理不当等额外因素。

---

① 生产可能性曲线:在现有的资源和科技水平下,一个国家(经济体)在一段时间内能够生产出两种商品组合的最大产量。

三、技术水平保持不变

假设该国家的技术水平维持同一水平,处于固定不变的状态。

这些假设当然与现实情况完全不相符。但是,假设简化经济现象可以使我们将注意力集中在分析问题的本质上,在掌握了经济规律和理论基础之后,就可以更好地理解复杂现实世界中的经济问题。

在现代经济学中,有五类基本假设,它们是经济学原理的根本,是经济学研究的前提和起点。

1. 理性人假设

理性人假设又称为经济人假设,是西方经济学的第一块基石,是最为基本的前提假设。在经济学中,自私、理性是同一个意思,指人们是充满理性的,具备一定的逻辑和一贯性,能够理性判断各种经济变量对经济的影响,同时会克服个人情绪的影响,会尽可能地以最小代价达到最佳效果。这一概念最早是由意大利经济学家帕累托[1]提出来的,亚当·斯密[2]将这一思想作为《国富论》的出发点和基础。

2. 资源稀缺性

此处所说的资源指的是以某个特定时期的科学技术水平,能够被人类社会以某种方法所利用的各种自然界里的物质。如果某种物质并不能被人类有效地使用,那它就不能算是自然资源。最明显的例子就是页岩气,对于人类而言,虽然探明了它的储量非常丰富,其作为能源也非常好用,但因为其开采技术一直不过关,所以就算不上资源;而21世纪初,美国的压裂开采技术成熟之后,页岩气陡然变成了一个效果巨大的能源。

显然,地球只有一个,而地球上的资源当然也是有限的。比如,所有的化石能源都需要数万年乃至数十万年的时间方能形成,而所有的矿藏则来自地球形成早期,对于人类的时间跨度而言,它们都是不可再生的,用一点就少一点。从这个意义上说,资源就是有限的。

类似地,如果我们把人类本身的劳动能力也视为一种经济活动中的资源,那么对一个国家、地区而言,适龄劳动人口的总数永远是有限的,所以劳动力也是一种有限的资源。事实上,我们很难找到一个能够供人类肆意挥霍,却取之不尽、用之不竭的资源——相反的例子可能就是太阳能了,阳光的确不会因人类的使用而减少;然而,使用太阳能需要用到太阳能电池板,而制造电池板需要大量的稀土元素

---

① 维弗雷多·帕累托(Vilfredo Pareto),意大利经济学家、社会学家,洛桑学派的主要代表之一。

② 亚当·斯密(Adam Smith),经济学鼻祖。其巨著《国富论》一书对于经济学领域的创立有极大贡献,使经济学成为一门独立的学科。

（从稀土矿中提炼而来），安置太阳能电池板还需要占地，这两者依然是有限的，从而使得人类能够有效利用的太阳能实际上也是一种有限的资源。

在社保领域中，这种现象就更为明显：在一定时间内，各个区域的社保机构所覆盖的患者人数肯定是有限的，对特定的疾病种类（如上呼吸道感染）而言，能够支付的总费用也是基本固定的。这就意味着，生产此类药品的厂家必然存在直接的竞争关系，争夺患者资源。

3. 非厌足性

资源的稀缺性是指资源是有限的，并不能取之不尽、用之不竭。非厌足性是指人的欲望是无限的。这明显是两个矛盾的假设，它们共同作用的结果就是迫使我们想方设法将有限的资源用到极致，通过最有效地使用有限的社会资源来满足人们的愿望和需要。

在个人层面上，每个人都有改善自己和家人生活水平的愿望；从企业层面来看，追求利润最大化也是回报投资人的天然使命；而对于社保、医保机构而言，提高资金利用率，追求更广的覆盖面和更大的保障力度，也是其职责所在。

经济学家认为，我们生活在一个经济品稀缺的世界里，人们的欲望永远都是无穷无尽的，可是相对于人类社会的无穷欲望而言，资源却是有限的。所以，我们不得不在有限的可能性当中进行权衡利弊的选择，寻求效用最大化的办法。因此，如何权衡稀缺资源的分配正是现代经济学的精髓，其核心是研究一个社会如何利用稀缺资源生产有价值的商品和劳务，并在不同的人群中对其进行分配。

经济学家认为，正是由于资源的稀缺性和人类非厌足性的存在，人们在制定决策时不得不在不同的目标当中进行权衡、取舍。通过比较所有可行方案的成本和收益，最终做出整体效益最大的最优选择。

无论选择结果如何，我们在抉择的过程当中难免会放弃某个或某些选项，经济学家认为，人们为了得到某件东西而放弃的其他东西的价值就是机会成本。

机会成本又称替代性成本、择一成本，是指经济决策过程中，因选取了某一方案而放弃另一方案所付出的代价或丧失的潜在利益。机会成本的概念有助于我们明确资源是否得到了最合理利用。

例如，投资者李某可以选择购买理财产品和储蓄存款两种投资方式。2017年1月，他用1万元购进某种理财产品，到2018年1月，投资理财的净收益为500元。假如当时他选择将这1万元存入银行，一年期定期储蓄存款的年利率为2%，他将获得200元的实际利息净收益，那么这200元就是李某投资理财产品而放弃储蓄存款的机会成本。

经济学家认为，最好的选择来自理性的比较。无论是小至人生道路的选择、企业经营战略的设定，还是大至国家大政方针政策的制定，都存在策略选择的问题。

对于社会保险问题而言,当然也会有许许多多的"二选一"的场景(诸如"救更多的人,还是救病重的人?"),为了简化讨论,这样的假定还是必要的。

4.完全信息假设

经济学家的理性假设是以人们能够收集并评估所获取的信息为前提。也就是说,经济活动中的每个参与者能够全面了解不同商品或服务的价格和特性,并且能够轻而易举地获得最佳的选择方案。所以,完全信息假设在微观经济学中占有重要的地位。如果信息是完全的,那么市场价格机制才会是有效的,资源就能实现最优配置。但是,现实经济生活中的各种信息往往是不完全、不对称的。在这种情况下,信息经济学家们预言,价格机制的作用会导致"劣币驱逐良币"的结局,市场是无效率的。

5.完全竞争假设

完全竞争假设,即假设市场处于完全竞争状态,这是一种竞争充分而不受任何阻碍和干扰的市场结构。在完全竞争市场中有无数个消费者和生产者,买卖双方都只是价格的接受者;市场产品都是同质的、无差异的;市场信息完全畅通,不存在任何信息不对称的现象;市场没有任何进入壁垒,准入门槛低,企业可以自由进入或退出行业。

经济学家认为,完全竞争市场可以增进社会利益,对于消费者和生产者而言都是合意的。它既能满足消费者需求的最大化,又能通过无形的手自由调配资源,达到生产效率最大化。这是一种理想的市场类型,也是一种极端的市场结构,需要同时具备各种严格的限制条件和理论假设才能达到完全竞争市场的标准。同时,它也是一种简化的市场模式,是经济学家进行经济分析的一种重要手段和方法。

1.2　供　求　理　论

供求理论是微观经济学的核心,它阐释了市场经济中供给与需求如何决定产品价格和数量,以及价格如何配置经济中的稀缺资源,最终实现市场均衡。在任何一本经济类基础教材中都会出现供求理论的文字解释和图形说明。

供求即供给与需求,本节将分别从产品市场和要素市场着手,分析在这两类市场中,买卖双方在面对稀缺资源时如何进行抉择,以及买卖双方的相互影响方式,从而了解经济学中两种市场经济运行的力量(供给和需求)所产生的作用。

1.2.1　产品市场及其均衡分析

产品市场是商品经济运行的载体。一般来说,劳动分工越细,市场经济越发达,市场的范围和容量就越大。改革开放 40 余年来,我国经济飞速发展。如今,在市场经济中,我们接触到的产品种类繁多。市场的发展壮大又进一步推动了社会分工和商品经济的发展。

商品经济的许多范畴(如生产与消费、价值与使用价值、商品与货币等相互对立的概念)都可以被纳入供求关系之中。

对于供给与需求的关系我们并不陌生。例如,在以现实题材为背景的电影《我不是药神》中,贩卖中年男性保健品的商贩程勇经营惨淡、生活拮据,一天他店里来了一名白血病患者,求他从印度带回一批仿制的特效药,好让买不起"天价"正版药的患者保住一线生机。提供天价正版药的某瑞士药厂因为具有市场优势所以药价高昂,但是对病人而言,无论价格多高,他们都不得不倾其所有去购买这个救命药,所以他们开始想尽办法铤而走险。机缘巧合之下,病患找到了走投无路的程勇。由于需求量巨大,在利润激励的驱使下,尽管他百般不愿却不得不孤注一掷从印度带回一批仿制的特效药,最后成为印度仿制药"格列宁"的独家代理商,获取巨额利润,被病患封为"药神"。这个催人泪下的故事用诙谐幽默的方式进行演绎,引起了人们的深思。但从经济学的角度来看,这部电影非常直观地展现了供求理论,剧中所隐含的规律无非就是产品市场的需求、供给关系以及由它们所决定的商品价格和数量之间的关系而已。

一、需求

1. 需求的基本概念

需求是一个非常重要的经济学术语。所谓需求就是指人们有能力购买并且愿意购买某种具体商品的愿望。日常生活中,作为一名消费者,我们对产品需求深有体会。为了提炼出需求的本质,经济学家将市场上多种多样的产品进行简化,假设市场上只有一种产品,在诸多其他因素保持不变或没有受到任何影响的情况下,分析该产品的价格与需求数量之间的关系。

价格是产品价值的货币表现形式,需求数量是消费者愿意并且能够购买的某种产品的数量。市场上的商品都是明码标价的,消费者会根据自己的消费能力来决定所选商品的数量。特别注意的是,此处的需求数量并不是指消费者想要购买的产品数量。在界定需求量时,一定要注意这两个条件:消费者愿意购买的数量以及有能力购买的数量。如果超出了消费者的购买能力,那么该数量并不能算作经济学里的需求数量,或可称为"无效需求"。

2. 需求定理

经济学家用需求定理来解释价格与需求量之间的关系。需求定理是指在其他条件不变的情况下,决定消费者购买商品数量的主要因素是该商品的价格,其规律是随着商品价格的上升,消费者对该商品的需求量减少;随着商品价格的下降,消费者对该商品的需求量增加。价格和需求量的变化关系是逆向的,也就是说,两者呈反比例关系。

其逻辑道理非常简单,例如在实际生活当中,"双十一"打折季时,大宗商品都在降价促销,以服装为例,在没有其他因素干扰的情况下,从理论上说,理性消费者会增加对该商品的购买,从而会使该商品的需求量增加;相反,价格上涨时,理性消费者会减少购买该商品,那么该商品的需求量就会减少。

在理解价格和需求的反比关系时,有几种特殊的商品类型的需求与价格之间的反向变动关系可能不一定成立。

(1)吉芬商品

吉芬商品是一种特殊的低档品,它的替代效应与价格成反比,收入效应与价格成正比,但是收入效应的作用比替代效应的作用大,所以它是违背需求定理的,即在其他因素不改变的情况下,当商品价格上升时,需求量增加;价格下降时,需求量减少。

经济学中关于吉芬商品的经典例子是爱尔兰的土豆。1845 年,爱尔兰发生大饥荒,土豆价格飞涨,但是人们对土豆的需求反而增加了。因为当时人们实在太穷了,根本买不起肉,只能买土豆充饥。土豆涨价,可是人们的收入并没有发生改变,所以人们变得更穷,更买不起肉,只能增加对土豆的购买来补救。

类似地,在医药领域,当针对某种疾病的治疗药物价格非常高昂,普通人难以承受时,他们则会选择一些价格便宜又能缓解症状的药物,这些药物并不能治疗疾病本身,但可以让患者继续忍耐(如止痛药物),此刻,这些缓解症状的药物实质上也具有吉芬商品的性质。

(2)必需品

必需品即生活当中的日常消费品,比如肥皂、毛巾、洗衣粉等。必需品本身缺乏弹性,其价格的变化并不会让消费者的行为表现出太大的变化,也就是说,如果卖家选择降价的话,那么需求量可能会有一定程度的提升,但是需求的增加量并不会太大。因为消费者购买这些物品只是为了家庭的日常使用,即使有人选择囤积商品(比如"双十一""双十二"时的"囤货"),但个人或家庭对这些物品的需求量毕竟是有限的,很难人为地大幅度增加。

(3)奢侈品

奢侈品又称为非生活必需品。一般,奢侈品被定义为一种超出人们生产与发展需要范围的,具有独特、稀缺和珍贵等特点的物品,能够显示消费者的富有程度、社会地位、价值观念和生活方式,奢侈品的需求往往富有弹性。

我们对奢侈品并不陌生,很多名牌包都属于奢侈品的范畴,价格少则几万多则几十万。为什么经济学家认为奢侈品具有较高的需求弹性呢? 因为这类产品往往也被称为"炫耀性商品",对于大多数人而言,其意义只是锦上添花:如果在经济承受能力范围内且价位不相上下的情况下,往往会选择名牌产品;一旦价格上涨超出支付意愿,消费者很有可能放弃奢侈品的购买而选择其他替代品。在生活中这样的例子比比皆是,如某奢侈品品牌的女士手提包平常售价为3万人民币,在圣诞节活动期间,该品牌的女士手提包降价促销,价格仅为1万元,结果销售店面几乎快被疯狂的消费者给挤塌了。奢侈品价格的调整对需求量的变化程度影响很大,哪怕是细微的价格调整也会对需求量产生较大的冲击。

3.需求曲线

经济学家用图形更为形象地展示价格和需求量之间的关系。如图1-1所示,横坐标代表对某种商品的需求量;纵坐标代表该商品的价格(即产品价值的货币表现),需求曲线表示产品的需求量如何随其价格的变动而变动。由于价格与需求量成反比,因此需求曲线是向右下方倾斜的。

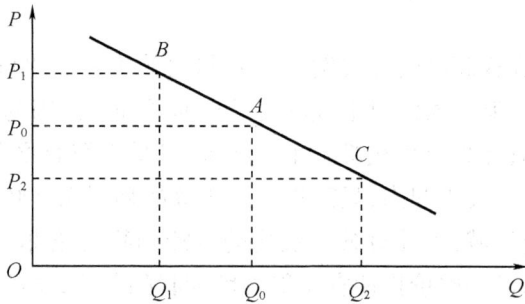

图1-1 需求曲线

在任何其他影响消费者行为的因素保持不变的情况下,当价格上涨时(由 P_0 增加到 P_1),需求量逐渐减少(由 Q_0 减少到 Q_1);当价格下降时(由 P_0 减少到 P_2),需求量逐渐增加(由 Q_0 增加到 Q_2)。

所以,在其他变量保持不变时,当某种商品的价格发生变动时,该商品的需求量会向着反方向变动。由价格引起的需求量的变化反映在图形上是需求曲线线上的点动。价格上涨,需求减少,需求数量沿着需求曲线左上方往上走(从 A 点移动到 B 点);价格下降,需求增加,需求数量沿着需求曲线右下方往下走(从 A 点移动到 C 点)。

然而,除了价格因素以外,市场上还有很多影响购买行为的客观因素,经济学家将这些客观因素归结为非价格因素。

非价格因素主要有以下五个方面:

(1)收入

收入代表着消费者的购买能力,收入水平的高低直接影响着消费者对产品的需求能力。如果收入较低,人们的支付能力有限,能买到的东西更少,此时需求自然就会较小;随着收入的增加,购买能力逐渐增强,需求也越来越大。对于普通商品而言,对该类产品的需求会随着收入的增加(减少)而增加(减少),收入和商品需求成正比关系。

收入与需求之间的这种同方向变化关系并不一定适用于特殊产品。比如,对于像食盐或牙膏这样的生活必需品,人们并不会因为收入增加就选择多购买食盐或牙膏;又如,低档品的需求量会随着收入的增加反而减少,收入与商品需求量之间成反比关系。低档品并不意味着产品质量很差、档次很低,只是随着收入的升高而被逐渐取代为更为高级的商品。例如,电子产品,随着收入的上升,产品更新换代,人们对低档产品的需求越来越少,甚至会彻底放弃那些低档产品,购买越来越高级的产品。

而另一个突出的例子则是医药方面的需求:药物的使用量仅取决于医学上的治疗需求,有严格的范围,无论其价格如何变化,都不可能因此而提高或减少用药量。

(2)相关商品的价格

相关商品有两种类型:替代品和互补品。

① 替代品

人们对于某商品的需求发生改变可能是另一种商品的变化所引起的连锁反应。经济学家用替代品的概念来衡量某种商品的需求量受其他商品变化的影响,即某种商品价格上升引起另一种产品需求量增加时,这两种商品则被称为替代品。所谓替代即说明两种商品给消费者的满足感差不多,这两种商品具有替代性,所以当其中一种商品涨价时,根据需求定理,理性消费者对该商品的需求量会下降,如果另一种商品的需求量增加,那么这两种商品就被称为替代品。

在医药领域中,替代品的概念也非常重要。对于大多数疾病而言,其治疗方案往往不止一种,即往往有多个药品、药品组合可供使用。当然,对于特定患者而言,这些方案可能会有治疗效果上的差异,但大体上说,还是可以彼此替代的。这就意味着,在选择治疗方案时,医生、患者都可以有多种选择,在治疗效果与价格上寻找一个能接受的平衡点。尤其是对医保而言,在选择哪些药物列入报销目录时,这种性价比的权衡尤为重要,以求使有限的医保资金发挥最大效用,覆盖更多的参保者。

② 互补品

互补品是指需要与另一种产品一起消费的产品。一般而言,某种商品的互补品价格上升、需求量下降会导致对该商品需求量的下降。也就是说,两种商品捆绑在一起,需要一起消费才能使消费者获得满足,一荣俱荣,一损俱损,例如眼镜镜框和镜片,假如镜片涨价,按照需求定理,镜片的需求下降,结果也会拉低镜框的需求。通常情况下,互补品是同时成对存在的,同时满足同一需求,任何一种商品价格发生变化都会引起另一商品的需求量的变化,两者呈正比关系。

(3)偏好

偏好是微观经济学中的一个基础概念,指消费者对某一种商品或服务的喜好。人的偏好是有差异的,所谓"萝卜白菜各有所爱",人们的不同偏好造就了人们对不同产品的需求。比如有些人只喜欢喝可口可乐,有些人则只认准百事可乐。

偏好是主观的,因为它是个人对事物的评价,会受到地理位置、生活习惯以及周围环境的影响。例如,受传统文化的影响,中国人在饮食方面有着"南方喜欢吃米饭,北方喜欢吃面食"的习惯。

偏好又是相对的,因为一个人的主观偏好会随着时间的推移或客观条件的变化而变化,如原有的习惯、身体条件、工作环境和社会环境影响的改变等。经济学家认为人们在购买商品时,决定需求的最明显因素就是人们的嗜好。例如,对于具有同样效用的中药而言,有人喜欢汤药,认为传统的方式更为可靠;有人则更喜欢中药胶囊,既能避免中药的苦味,又能达到治疗效果。

经济学家认为,一个人的幸福程度取决于他的偏好是否得到了满足,同样的东西对不同的人而言会产生不同的效用。在给定的可自行选择的前提下,理性人会有条理地、有目的地尽自己所能来实现效用最大化。例如,有些人会选择把钱存入银行,有些人会选择把钱花在旅游或者购物上,所有的决定都是为了满足自己的偏好。对于企业而言,逻辑也是一致的,企业需要决定雇佣劳工的数量以及决定生产和销售的产品数量来实现利润最大化。

偏好与效用的关联在于效用的大小取决于偏好程度,对某个物品的偏好程度越大,它的效用就越大;偏好程度越小,效用就越小。例如,市场上有各式各样的药品,即便是功能相似且处于同一价位区间的药品也有很多,但是由于消费者的偏好不一致,所以各种类型的药品带给消费者的效用是不同的。在消费领域,效用这一概念被用来衡量消费者获得满足或幸福的程度。某一种商品或服务对消费者是否具有效用,取决于消费者是否有购买这种商品或使用这种服务的欲望,以及这种商品或服务是否具有满足消费者欲望的功效。可见,能否对消费者心理做出深度分析和准确判断是商家经营成败的重要因素。

在医药领域,尽管治疗方案更多地取决于医生的意见,但消费者的偏好同样存在。比如,有些患者、患者家属对于手术治疗有一种本能的厌恶,更倾向于保守治疗;有些患者、患者家属更喜欢中药、中成药而不喜欢化学药物,特别是对化疗药物(治疗肿瘤用的细胞毒类药物)心怀恐惧——即使现有的医学常规表明,手术或化疗药物对该患者更为有利,他们依然更倾向于前者,这就是偏好的力量。

（4）预期

人们对于未来的预期会影响现在对某种（或某些）商品或者服务的需求。比如，在预知收入会增加的情况下，人们自然会在这段时间出手阔绰，那么此时对自己喜好的商品的需求就自然增加了。

又如对商品价格的预期，我们预判心仪的产品会在"双十一"时降价，在此之前我们会一直等待，直到产品降价的那天再进行购买。

（5）消费者数量

市场上对某种产品有着共同需求的购买者的数量会对市场总需求产生影响。因为市场整体需求情况不仅取决于价格，还取决于消费者数量。当买家数量增加时，即便产品价格不变，产品的总需求量也会增加；相反，买家数量减少，总需求量也会减少。

综上所述，除了价格以外，非价格因素（收入、相关商品的价格、偏好、预期和消费者数量）同样会对需求产生影响。当非价格因素变化时，会引起需求曲线平行移动，左移即表达需求量减少，右移即表达需求量增加。

二、供给

1. 基本概念

在研究价格和需求量的关系时，经济学家从消费者的角度来进行逻辑推理，类似地，从生产者的角度去分析即可推断出产品价格和供给量之间的关系。

同样，假设市场上只有一种产品，而且诸多其他因素保持不变，价格是产品价值的货币表现形式，供给数量是生产者愿意并且能够实际提供出售的某种产品的数量。特别注意的是，这里的供给量必须具备两个条件：一是符合生产者的出售数量愿意；二是符合生产者的实际生产能力。

2. 供给定理

与需求定理的逻辑类似，经济学家用供给定理来反映某种产品的价格与供给数量之间的关系，即在诸多其他因素都保持不变的情况下，某种产品的价格与其供给量之间呈正比关系——价格上涨供给量增加；价格下降供给量减少。

价格与供给量的正比例关系对于经济活动中的绝大部分物品来说都是成立的。在实际生活当中，如果某种商品涨价，那么在没有其他因素干扰的情况下，市场上的产品供给会增加（单个企业增产或生产该商品的企业数量增加）；相反，价格下跌时，该商品的市场供给量会减少（单个企业减产或生产该商品的企业数量减少）。这个逻辑很好理解，对于价格高的商品，企业见到生产和销售该商品有利可图，自然会加大投入，努力提高产量，从而赚取更大利润；如果商品价格低，生产者赚取不了太多的利润，增加产量不但卖不出去，还有可能加大亏损，那么没有任何一家企业愿意这样做。

3. 供给曲线

经济学家用供给曲线形象地展示了价格和供给量之间的正比例关系,即表示某种物品的供给量如何随其价格的变化而变化。如图 1 - 2 所示,横坐标代表卖家出售产品的供给量;纵坐标代表产品的价格。价格上涨,供给量增加,价格下降,供给量减少,因此供给曲线是一条向右上方倾斜的曲线。

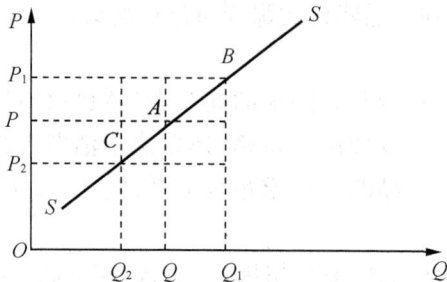

图 1 - 2 供给曲线

由图 1 - 2 我们可以清楚地看到:在任何其他影响生产者行为的因素保持不变的情况下,当价格上涨时(由 P 增加到 P_1),供给量逐渐增加(由 Q 增加到 Q_1);

当价格下降时(由 P 减少到 P_2),供给量逐渐下降(由 Q 减少到 Q_2)。

所以,在其他所有因素保持不变的情况下,当某种商品的价格发生变动时,该商品的供给量会产生同方向变动。由价格所引起的供给量的变化反映在图形上是供给曲线线上的点动。价格上涨,供给量增加,供给数量沿着供给曲线右上方往上走(从 A 点移动到 B 点);价格下降,供给量减少,供给数量沿着供给曲线左下方往下走(从 A 点移动到 C 点)。

与需求的影响因素及变化情况类似,供给同样会受到除价格以外的其他客观因素(非价格因素)的影响。

影响供给的非价格因素有以下四个方面:

(1)投入品价格

投入品价格即生产成本,是指厂商为了生产某种产品而投入到生产过程中的所有人力、物力、财力的价格总和。投入品价格也是一个价格因素,但是为了和产品整体价格区分开,经济学家常常把它作为"非供给原理中的价格因素"来讨论。

如果投入品价格上升(生产某产品的原材料价格上升)时,即生产成本增加时,在现有的市场价格水平下,企业利润变薄,那么生产者觉得有利可图的机会缩小了,自然而然会减少该产品供给数量。相反,如果投入品价格下降时,即生产成本降低时,即便在现有的市场价格水平下,利润空间变大了,那么理性的生产者自然会增加产品的供给数量。因此,产品的供给量与生产该产品的投入品价格呈反比例关系。

（2）技术

世界知识产权组织对于技术的定义为制造一种产品的系统知识所采用的一种工艺或提供的一项服务，不论这种知识是否反映在一项发明、一项外形设计、一项实用新型或者一种植物新品种，或者反映在技术情报或技能中，或者反映在专家为设计、安装、开办、维修一个工厂或为管理一个工商业企业及其活动而提供的服务中等。

经济学中把技术作为投入品放到产品生产当中去思考，技术也是有价格的。因此，技术的价格变化会引起物品供给量的变化。

技术对于企业甚至对于一个国家来说都是一个至关重要的变量。在其他原材料价格不变的基础上，若企业生产商品的技术水平提升了，那么这意味着单位时间内生产该物品的社会必要劳动时间减少了，也就是生产效率提升了，同一时间内生产的该物品数量就增加了，企业生产该物品的总体成本降低了。例如，工业革命以前，手工作坊用简易的织布机进行人工织布。随着科技的革新、技术的进步，简易的织布机被现代化织布机器所代替，原本 1 小时只能织出 10 块布，在技术水平提升后，1 小时可以织出 50 块布，大大提高了单位时间的生产效率。

（3）预期

在分析需求变化时，经济学家从消费者的角度来分析买家对于未来的预期对需求的影响，然而从生产者的角度，卖方对未来的预期同样会对产品或服务的供给产生影响。比方说，假如生产者对市场前景比较看好，认为消费者的购买力也会不断增加，那么在这种情况下，理性卖家会在一定程度上增加产量，从而增加市场上该产品的供给量。

（4）生产者数量

市场供给整体上还取决于生产者数量，即市场上销售同一种产品的卖家数量。在同一价格水平上，就算单个厂商的供给量不变，由于厂商数量的上升，市场上对某一产品的供给量也是会增加的；相反，卖家数量减少，市场上该产品的供给量也会减少。生产者的数量还决定了不同的市场结构，我们会在后续章节进行详细阐述。

总之，非价格因素（投入品价格、技术、预期、生产者数量）同样会对供给产生影响。当这些因素发生变化时，会引起供给曲线的平行移动，而不是在原有的供给曲线上移动。向左平行移动即表示供给量减少；向右平行移动即表示供给量增加。

三、市场均衡

1. 基本概念

根据需求定理和供给定理，价格变化对需求和供给的作用正好相反。但是，并不能孤立地分析需求和供给,必须将两者结合起来,分析它们如何共同决定市场上某种商品的数量和价格。

经济学家假设市场上只有消费者和生产者,不存在政府或其他组织,而且市场上只有一种商品,通过图1-3将需求曲线和供给曲线结合在一起。其中横坐标仍是商品数量;纵轴仍然是商品价格。该图是市场需求曲线和市场供给曲线的结合,同时体现了市场供给和市场需求的情况。

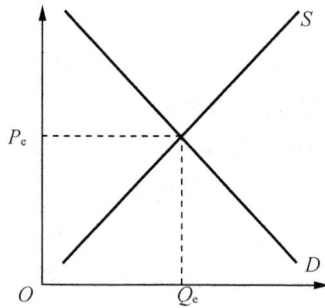

图1-3 市场均衡

供给曲线和需求曲线相交的那个点(经济学家称之为均衡点)反映的是市场价格达到使供给量与需求量相等时的状态。也就是说,在此均衡点上,该价格对应的供给量和需求量是相等的。

需求曲线和供给曲线的交点所对应的纵坐标的数字就是均衡价格(P_e),即使得供给与需求平衡的价格;所对应的横坐标的数字就是均衡数量(Q_e)。此时,均衡数量即是供给量又是需求量,供给量与需求量相等。

市场均衡时达到一种最完美的状态,资源得到了最有效配置。但是,如果商品价格高于或者低于均衡价格会出现什么结果呢?

(1)情况一:市场价格高于均衡价格

如果商品价格高于均衡价格的话,那么供给曲线对应的供给量大于需求曲线对应的需求量,也就是市场供给大于市场需求。供过于求的状态被称为过剩,也称为超额供给。

高昂的市场价格吸引了卖家加大产量或诱使新的卖家进入该市场,从而使得市场供给增加,造成市场上出现大量的产品可供出售,超出了市场需求,过剩的商品销售不出去,导致商品滞压。企业通过降价或者打折促销等手段处理这些过剩商品以挽回损失。随着商品价格下降,需求量会增加,过剩的供给量会逐渐减少,直到价格下降到均衡价格时,供给量和需求量相等。

(2)情况二:市场价格低于均衡价格

如果商品价格低于均衡价格的话,那么需求量大于供给量,也就是市场对产品的需求大于卖家的供给。供不应求的状态被称为短缺,也称为超额需求。

在商品质量等其他条件不变的情况下,由于产品价格较低,需求者更乐意购买产品,因此产品的需求量增加。对于生产者而言,面对较低的市场价格,生产者是不愿意增加产量的,所以卖家愿意并且提供出售的供给量低于消费者的需求量,就造成了短缺的现象。因为供给量不够,消费者就只能去抢购,甚至有些消费者根本就买不到商品。

消费者的需求量并未得到满足,卖家觉得市场需求大,可能会进行两种选择。选择一:抬高价格,这样能赚取更多的利润。抬高价格后,超出很多人的支付意愿,需求量就减少了。选择二:提高产量,市场上的商品数量增多填补了商品短缺现象。无论做出哪一种选择,结局都是一样的。随着商品价格上涨,消费者过剩的需求量会减少,生产者供给量会逐渐增多,直到价格上升到均衡价格时,供给量和需求量相等,实现均衡。

亚当·斯密提出,看不见的手能够实现市场均衡,无论产品价格高于均衡价格还是低于均衡价格,最终都会通过供给平衡进行自我调节,达到供求一致,实现均衡。这就是经济学里最为著名的供求理论:任何一种物品的价格都会自发调整,使该物品的供给与需求达到平衡。

当供小于求时,价格上涨,超出了商品本身的使用价值;当供大于求时,价格下降,甚至低于商品的使用价值。只有当供求平衡时,商品的使用价值与价格才基本持平。这样的动态变化形成一个围绕着价值这根轴不规则的上下波动。在市场自我调节的过程中,实现了在某种价格水平下,卖者愿意出售和能够出售的供给量与买者愿意购买并且能够支付的需求量相一致。

无论是过剩还是短缺,甚至是均衡,都是动态的、暂时的。就像天平一样,天平两边重量不一致时,就会出现天平向左边或向右边倾斜的现象,也就是出现过剩(供大于求)和短缺(供不应求)的情况。只有天平两边重量一致时(供给量和需求量一致时)才能达到平衡(实现均衡),一旦天平任何一边的情况发生了变化,哪怕是非常细微的变化,天平的平衡也会被打破。

2. 均衡的变动

市场上某一产品的均衡价格并不是固定不变的,均衡是一种动态状态。受到某些激励或外界因素的影响,均衡会被打破,在经过一段时间的供给关系自行调整后形成新的均衡。

在分析某个激励(事件)如何影响现有的均衡从而形成新的均衡,具体步骤如下:

(1)根据激励的影响,先判断该激励是引起供给变动(供给曲线的移动)还是需求变动(需求曲线的移动),亦或是导致两者都发生改变①。

(2)判断该激励引起变量增加还是减少,确定曲线移动的方向(向左平行移动还是向右平行移动)。

(3)用供给和需求曲线来说明均衡价格与均衡数量的变化情况。

对于由需求或者供给单独引起的变动,价格和数量的变化都很明确,分析也比较简单;需求和供给共同引起的变动有四种情况,其价格和数量都有不确定的时候,其原因在于需要对比需求和供给的变化幅度(弹性的比较)来具体分析。

弹性由英国经济学家阿尔弗雷德·马歇尔②所提出,是指一个变量相对于另一个变量发生的一定比例的改变。经济学家用弹性来衡量买方与卖方对市场条件变化的反应程度。

需求弹性,通常也被称为需求价格弹性,是衡量一种物品需求量对其价格变动反应程度的指标。当价格发生变化时,若需求量变化幅度大,那么该产品的需求弹性大(称为富有弹性);若需求量变化幅度小,那么该产品的需求市场弹性小(称为缺乏弹性)。

类似地,供给价格弹性衡量的是某种产品的供给量对其价格变动的反应程度。当价格发生变化时,若供给量变化大,则该产品的供给弹性大;若供给量变化小,该产品的供给弹性小。

由此,若某事件对产品的需求和供给都产生影响,就需要对比需求弹性和供给弹性来进一步判断需求和供给的变化幅度,从而推断出价格或数量的变化情况。

1.2.2 要素市场及其均衡分析

在理解产品市场供给、需求以及均衡状态之后,分析要素市场就非常简单了。产品市场引导要素市场,要素市场决定产品市场,两者互为前提,相互促进。

产品市场与要素市场的区别在于:

1. 供求相互换位

在产品市场上,需求方是家庭,供给方是企业;在要素市场上,家庭变成了供给方,企业变成了需求方。

2. 需求互异

在产品市场上,对产品的需求是直接需求,消费者对产品的需求直接用于满足自己的需要;在要素市场上,企业对要素的需求是派生需求,是以利润为目的而产

---

① 非价格因素所引起的需求或供给的变化反映在图形上是需求或供给曲线的平行移动。

② 阿尔弗雷德·马歇尔(Alfred Marshall),英国近代最著名的经济学家,是新古典学派的创始人。

生的间接需求。

3. 价格不同

在产品市场上,产品价格是所有价格,由同一产品的市场供求所决定;在要素市场上,要素价格是使用价格,由全社会有关市场的供求关系共同决定。

4. 收入不同

产品价格决定企业的收入,有待进一步分配。但要素价格直接决定家庭的收入,要素价格问题也就是收入分配问题。

要素市场也被称为生产要素市场。生产要素指进行社会生产经营活动时所需要的各种社会资源,是维系国民经济运行及市场主体生产经营过程中所必须具备的基本因素,包括劳动力、土地、资本、企业家才能、技术、信息等,其中劳动、土地和资本是三种最重要的生产要素。

一、劳动力市场

与经济中的其他市场一样,劳动力市场同样受到需求(企业)和供给(个人)的控制。根据完全竞争假设和理性假设,竞争企业追求利润最大化。由于企业数量众多,且生产和销售同质产品,所以企业都是价格的接受者。此外,雇佣多少劳动力是需要和企业的利润挂钩的,而企业的利润多少又取决于产品市场的情况。故而通过分析商品的生产与为生产该商品而派生的劳动需求之间的关系,就可以推断出劳动市场的均衡工资是如何决定的。

在理解劳动力边际产量之前,我们必须了解一个经济学的著名定律——边际效用递减规律。

边际效用递减规律是指消费者在一定时间内增加一单位商品的消费所获得的效用量呈递减趋势。例如,饥饿难耐时,你吃第一碗饭时会觉得非常美味可口,吃第二碗饭时感觉也还不错,但如果你继续吃第三碗、第四碗甚至更多碗饭,你会感觉如何呢? 如果说第二碗饭带给你的满足感跟第一碗饭一样的话,那么第三、第四甚至第十碗饭带给你的满足感还能跟第一碗一样吗? 很显然,随着数量的增加,饱腹感不断增加,你会觉得香喷喷的米饭变得越来越难以下咽。由此可见,我们在消费某种物品的时候,随着消费数量的增加,等量的消费品所带来的满足感会越来越小,也就是说边际效用会越来越小,这种情况几乎存在于所有的消费品当中,这就是所谓的边际效用递减规律。

边际效用递减规律蕴含着一个前提,即该消费者的偏好是不变的,而且他必须连续消费某种物品。上述例子里,在吃米饭的过程中,边际效用是递减的。但是,如果你突然换成面条,边际效用递减的规律就不适用了。再比如,你吃完这顿饭之后去健身,运动结束后你觉得饿了然后又去吃饭,你就不能把这顿饭的效用跟上一顿饭的效用进行比较。但是,无论是何种情况,人们都会经历由满足转为厌烦(超过一定限度时)的过程。

根据边际效用递减规律,从边际产量的性质来看,随着雇佣劳动力的增加,劳动的边际产量是下降的,就可能出现人浮于事的状况,也就是寓言故事里的"三个和尚没水喝"。为了使利润最大化,企业雇佣劳动力的最优数量即位于边际产量与工资的交点处。如果雇佣的工人人数小于这个最优数量,则边际产量的价值大于工资,因此增加工人数量会增加利润;如果雇佣的工人数量大于这个最优数量,则边际产量的价值小于工资,所以增加工人雇佣数量反而会降低利润,边际工人是无利可图的。

因此,竞争且追求利润最大的企业雇佣工人的数量,要能使得劳动的边际产量价值等于工资。

采用分析产品市场同样的逻辑,经济学家总结出了一系列对劳动力需求、供给和均衡产生影响的客观因素。

1. 影响劳动需求的因素

(1)产出物的价格

边际产量的价值等于边际产量乘以产出物的价格。因此,若产出物的价格变动,边际产量的价值就会变动,劳动需求曲线就会移动。例如,产品价格上升,生产产品的每个劳动力的边际产量价值也会上升,那么劳动需求就会增加,反之亦然。

(2)技术变革

技术进步通常提高了劳动的边际产量,这又会增加劳动需求,使劳动需求曲线向右移动。但是,技术变革也有可能减少劳动需求。例如,由于人工智能的出现,在相对的意义上,劳动力的边际产量降低了,使得劳动需求减少。经济学家将这种变革称为劳动力节约型技术变革。

(3)其他生产要素的供给

一种生产要素的投入数量能够影响其他生产要素的边际产量。如汽车行业,汽车轮胎是生产汽车的重要原材料,假如轮胎的供给下降,就会减少汽车制造工人的边际产量,那么汽车企业对这些技术工人的需求就会减少。

2. 影响劳动供给的因素

劳动供给方是个人,所以凡是影响人们对工作的选择的因素都会对劳动供给产生影响,如工作与闲暇之间的权衡选择、爱好的改变、其他工作机会的出现或者移民等因素都会对劳动供给产生影响。移民经济学专门研究移民对劳动供给的影响,以及对劳动市场均衡工资的影响。

3. 劳动市场的均衡

劳动的价格(工资)与所有其他商品的价格一样,取决于供给和需求,这与产品市场是完全类似的。只是在要素市场均衡图上,横轴代表劳动力数量,纵轴代表劳动力价格。当劳动市场处于均衡时,工资和劳动量已调整到劳动供求平衡的状态,每个企业购买了在均衡工资时的最优劳动量。也就是说,每个企业都已遵循了利润最大化原则:它雇佣能使边际产量价值等于工资的工人数量。

与产品市场均衡状态类似,劳动市场的均衡状态也是动态的。它会随着事件(激励)的出现改变劳动的供给或需求,那么它必定能同等程度地改变均衡工资和劳动的边际产量价值,随后形成新的均衡状态,工资必定等于劳动的边际产量价值。

二、土地市场和资本市场

企业最重要的生产要素有三类:劳动、土地和资本。劳动和土地这两个术语是明确的;经济中的资本是指现在用于生产新产品的那些商品,这些商品是在过去生产出来的。

土地和资本的供给与需求决定了企业对土地所有者及资本所有者支付的报酬,而每种要素的需求又取决于该要素的边际产量价值。也就是说,无论是劳动、土地还是资本的报酬,都等于各自对生产过程做出的边际贡献。

1.3　价格机制

1.3.1　价格形成机制

价格形成机制是指价格在形成和变动过程中,受其相关因素制约和作用的状况与方式。制约市场价格形成的因素主要有:

(1)商品价值;

(2)货币价值;

(3)商品供求关系;

(4)国家政策;

(5)国际价格。

价格形成机制涉及企业自主制定价格和市场形成价格两方面,这与市场类型、企业的市场势力等因素息息相关。例如,在计划经济体制下,企业没有定价权;而在市场经济中,产品和劳务价格放开,由企业自主定价。又如,在垄断市场中,占据市场霸主地位的垄断企业具有很大的市场势力,可以通过控制商品产量来控制商品价格,是价格的制定者;而在完全竞争市场中,企业对市场的控制力很小,只是价格的接受者。

1.3.2 价格弹性

价格弹性表明供求对价格变动的依存关系,反映价格变动所引起的供求的变动率,即供给量和需求量对价格信息的敏感程度,它是企业决定产品提价或降价的主要依据。

价格弹性可分为需求价格弹性、供给价格弹性、交叉价格弹性、预期价格弹性等类型。

一、需求价格弹性

需求价格弹性即需求变动率与引起其变动的价格变动率的比率,反映商品价格与市场消费容量的关系,表明价格升降时需求量的增减程度。

需求价格弹性既涉及对物品需求市场本身的判断,又涉及由此所引起的人们行为的预测,我们必须将两者结合起来。一般地说,在需求曲线具有弹性的情况下,企业可以采取降价策略;反之,企业可以采取提价策略,以保证企业收益不断增加。

1.影响需求价格弹性的因素

(1)物品的可替代程度

从消费者对某种物品的需求能否被其他某种或几种物品所替代来判断该物品的需求价格弹性水平。具体表现是,容易被替代的物品,需求价格弹性大;不容易被替代的物品,需求价格弹性小。

例如日常生活中必不可少的感冒药。从理论上讲,假如某品牌感冒药突然涨价,由于同类的感冒药种类繁多,而且效用也类似,也就是说,该类商品的替代品较多,很容易被替代,那么理性消费者自然转而购买其他品牌感冒药,该品牌感冒药的需求量自然会下降得特别多(程度较大)。总而言之,物品的可替代程度越高,其需求弹性就越大;物品的可替代程度越低,其需求弹性就越小。

又如现在越来越火的人工智能,其中的核心技术非常独一无二,无其他替代品可以替代,就算芯片的价格高昂,理性企业为了抢占市场先机、追逐未来的巨额利润,也不惜花重金去引进该技术。如果我们把劳动力也视为一种商品的话,同样的现象还发生在人工智能的专门人才身上,他们的工资收入目前是远远超过社会平均水平的。

(2)物品的必要程度

物品的必要程度,即某种商品对于消费者而言是否特别需要。若特别需要的话,则必要程度越大,相对应的需求价格弹性越小;不是特别需要的话,必要程度越小,则需求价格弹性越大。

当然,必要程度是一个相对范畴,对于不同人来说,不同物品的必要程度是不一样的。必要程度与物品本身的固有性质无关,而与人们的喜好(偏好)程度有关。还是感冒药的例子,很多年轻妈妈就钟情于某种特定品牌的儿童感冒药,就算不远千里也要千方百计购买,所以于她们而言,这种特定品牌的儿童感冒药的必要程度很大,需求弹性较小,而其他品牌的同类药品的必要程度很小,需求弹性较大。

又如,有些企业更加注重其社会责任和企业形象,为此企业往往会在树立企业良好形象方面加大投入资金,如广告、公益事业等,即便费用逐年上升,对于该企业而言,这种投入必不可少,所以企业也不会减少这部分开销,可见,需求价格弹性较小。

(3)市场范围

市场范围,即市场上所涵盖的产品范围大小。范围越大,其需求价格弹性越小;范围越小,其需求价格弹性越大。

例如,食物是一个很宽泛的、范围很大的概念,很难找到能够替代食物以满足人们一日身体所需的其他物品,所以需求价格弹性较小。但是,如果我们把食物具体化、范围缩小,如大米,那么其需求价格弹性就比较大,除了米饭,还可以有其他很多选择,如馒头、包子、面条、花卷等,同样都能让我们填饱肚子。我们再进一步缩小范围,比如我们把大米分为籼米、粳米和糯米,那么无论是何种类型的米,它的需求价格弹性都会更大,因为我们可以找到更多的替代品。

(4)价格敏感程度与时间性

大量调查显示,人们对价格的敏感程度和时间有着十分密切的关系。在短时间内,价格敏感程度不高,需求价格弹性不大;在长时间内,价格敏感程度较高,需求价格弹性较大。

比如调查研究表明,汽油价格上升10%会使汽油消费量在1年后减少约2.5%,而在5年后减少约6%。因为在短期,即便汽油涨价,消费者一时间也来不及找到其他替代能源,所以理性消费者不会立刻减少对汽油的需求,需求价格弹性小。可是时间久了,人们逐渐意识到购买汽油是一笔不菲的开销,人们会慢慢感受到价格变化所带来的影响并有合理的时间进行相应的调整,逐渐开始减少汽油的使用或努力寻找替代品。所以,汽油需求量在长期中的减少量大,需求价格弹性大。

出于类似的原因,国家政策对于市场的调节作用也总是具有滞后性,要在政策出台一段时间后才能体现出影响。在此期间,这个影响的大小、方向都只是一种预测而已。

2.需求弹性的计算

需求价格弹性通常用 E_Q 来表示,指物品价格 P 一定幅度的变动所引起需求量

Q 变动的比率,即

需求价格弹性 = 需求量变动百分比/价格变动百分比

其数学表达式为

$$E_Q = -(\Delta Q/Q)/(\Delta P/P)$$

由于一种物品的需求量与其价格成反比例关系,所以经济学家用负数符号来表示需求和价格之间的负相关关系,即价格上涨,需求量就下降;价格下跌,需求量就增加。弹性的实际大小还是取绝对负数符号来表示值,在计算弹性时选用中点法[①]来计算。

3.需求价格弹性的类型

(1)完全无弹性($E_Q = 0$)

无论价格如何变化,需求量都是不变的,固定在某一具体的数值上。

(2)缺乏弹性($E_Q < 1$)

需求变动量比例小于价格变动量比例,需求价格弹性越小,需求曲线越陡峭。

(3)单位弹性($E_Q = 1$)

需求变动量比例等于价格变动量比例,单位弹性是一条坡度适中的曲线。

(4)富有弹性($E_Q > 1$)

需求变动量比例大于价格变动量比例,需求价格弹性越大,需求曲线越平坦。

(5)完全有弹性($E_Q \approx \infty$)

价格的微小变化都会引起需求量很大的变化。

完全无弹性与完全有弹性是两种极端情况,更为常见的是缺乏弹性、单位弹性和富有弹性(三种常见的情况),都是右上方倾斜的曲线,区别在于需求曲线是陡峭还是平坦。将需求价格弹性与 1 进行对比即可得出结论。假设价格变化量为50%,那么缺乏弹性意味着需求变化量一定小于50%,如40%或30%,数字越小,越缺乏弹性,曲线越陡峭;单位弹性意味着需求变化量等于50%,形成一条45°的斜线;富有弹性意味着需求变化量一定大于50%,如70%或80%,数字越大,越有弹性,曲线越平缓。

4.总收益与需求价格弹性

总收益是指消费者在支付某种商品后生产者所获得的收益,具体则用该商品的单位价格乘以需求量来计算。

根据需求定律,价格与需求量呈反比例关系,价格和需求量变动都会引起总收

---

① 中点法计算出来的是弧弹性。因为在同一条需求曲线上,涨价和降价产生的弹性系数值并不相等。如果只需要表示需求曲线上某一段的需求价格弹性的话,那么就可以用中点法来计算以避免不同的计算结果。

益的变化,那么总收益是增加还是减少就取决于需求价格弹性。假设价格上浮50%,则总收益的变化情况如下:

(1)完全无弹性

价格上升或减少都不会引起需求量的变化,所以总收益的变化完全取决于价格变动。价格上升,总收益增加;价格下降,总收益减少。

(2)需求缺乏弹性

价格上升引起的需求量减少的比例很小,以更高价格出售而得到的额外收益大于由出售的数量减少而失去的收益,总收益是增加的。假如价格上浮50%,需求缺乏弹性意味着需求量下降一定小于50%(如40%),那么我们就能推断出

　　价格上涨引起的收益增加量 > 需求量下降引起的收益减少量

所以,总收益是增加的。

(3)单位弹性

假如价格上浮50%,需求单位弹性意味着需求量下降正好也是50%,同样,就算不进行具体计算也能推断出

　　价格上涨引起的收益增加量 = 需求量下降引起的收益减少量

所以,总收益是不变的。

(4)需求富有弹性

价格上升引起的需求量减少的比例很大,以更高价格出售而得到的额外收益小于由出售的数量减少而失去的收益,总收益是减少的。这与第一种情况截然相反,假如价格上浮50%,需求富有弹性意味着需求量下降一定大于50%(如60%),同样,我们能推断出

　　价格上涨引起的收益增加量 < 需求量下降引起的收益减少量

所以,总收益是减少的。

(5)完全有弹性

即便价格只有微小的变化,都会引起需求量发生巨大变化,所以需求量变化所引起的收益变化量比价格变化所引起的收益变化量要大得多。因此,需求量下降,总收益减少;需求量上升,总收益增加。

从这个论证中,可以得出关于总收益和需求价格弹性的结论:

①需求价格弹性小时,价格与总收益呈正相关。价格上涨,总收益增加;价格下降,总收益减少。

②需求价格弹性大时,价格与总收益呈负相关。价格上涨,总收益下降;价格下降,总收益增加。

③需求价格弹性是单位弹性时,价格变动,总收益不变。

由于总收益与企业生存发展息息相关,所以企业在制定产品定价策略时,不得

不考虑商品的需求价格弹性。例如,食盐生产企业,适当地涨价可以增加短期总收益,因为食盐是必需品,缺乏需求弹性,即使商品价格上升,消费者也不得不进行购买。

我们再来看一个身边的例子,学校的食堂在没有其他竞争对手出现时,是一个缺乏弹性的市场,饭菜价格相对昂贵不说,并且品种少、味道也差。若有其他餐厅出现,食堂就从一个缺乏弹性的市场逐渐变为一个富有弹性的市场。如果食堂价格上涨,那么会带来需求量的大幅度变化,同学们可以选择其他替代品,对于卖方的总收益比不涨价时还要少,所以我们现在可以感觉到总体而言各学校食堂的价格还是比较实惠的,比校外的餐厅要便宜得多。

二、供给价格弹性

供给价格弹性是指供给变动率与引起其变动的价格变动率的比率,反映价格与生产量的关系,表明价格升降时供给量的增减程度,通常用供给量变动百分数与价格变动百分数的比率衡量。则数学表达为

$$E_s = (\Delta S/S)/(\Delta P/P)$$

供给价格弹性往往取决于卖者是否容易转为生产该物品的可能性。例如,高新技术领域,价格水平也在不断攀升,但其供给量增加却不大,因为新的供给者想要加入这个领域难度较大,该领域专业技术较强,可能性比较低,供给量增加就有限了。

除此以外,时间也是影响供给价格弹性的因素之一。长期的弹性通常都大于短期的弹性,即短时间内,供给价格弹性小,长时间内,供给价格弹性大。

例如,某药品出现供不应求的紧俏局面,商品价格节节攀升,不过市场上生产该商品的企业跟随价格变化形成的供给量变化并不会太大。因为短期内,企业只能适当增加或减少供给,但大规模的供给量变化并不会出现,所以供给对产品的价格影响程度不高;然而,如果时间久了,企业就会考虑大规模增加供给量或是减少供给量(如建立新厂房或关闭旧厂房),甚至退出市场,对产品的价格敏感程度就提高了,企业可以通过改变规模来调整产量,所以供给价格弹性更大。

与需求价格弹性类似,供给价格弹性也分为五种类型。

(1)完全无弹性($E_s = 0$)

无论价格如何变化,供给量不变的,固定在某一具体的数值上。

(2)缺乏弹性($E_s < 1$)

供给变动量比例小于价格变动量比例。

(3)单位弹性($E_s = 1$)

供给变动量与价格变动量同比例变化。

(4)富有弹性($E_s > 1$)

供给变动量比例大于价格变动量比例。

（5）完全有弹性（$E_S \approx \infty$）

价格的微小变化,都会引起供给量很大的变化。

供给价格弹性并不是不变的,而是沿着供给曲线变动的。供给曲线在价格水平较低时比较平坦,在价格水平较高时比较陡峭。

产品在低价水平时,企业的生产力是有富余的,物品价格上涨,曲线平缓,供给价格弹性大,企业可以很快提升供给量;价格不断上升,供给量也在上升,当慢慢接近企业生产力的上限时,曲线陡峭,供给价格弹性小,要有大幅度的供给量提升就困难得多,除非高价格能带来足够收益,能激励企业扩大规模,提高生产力。由于企业的生产力通常有一个最大值,因此当供给量低时,供给价格弹性会非常高;当供给量高时,供给价格弹性会非常低。

三、交叉价格弹性与预期价格弹性

交叉价格弹性又称交错价格弹性,是需求的变动率与替代品或互补品价格变动率的比率,表明某商品价格变动对另一商品需求量的影响程度。

预期价格弹性是价格预期变动率与引起这种变动的当前价格变动率的比率,反映未来价格变动对当前价格的影响,用预期的未来价格的相对变动与当前价格的相对变动的比例表示。

1.4　价 格 歧 视

1.4.1　定义

乍一看价格歧视这个专有名词总觉得很恐慌,因为谁都不愿意被歧视,尤其是当自己被索要更高的价格时就更抵触价格歧视了。但是,在经济学中,价格歧视实质上是一种价格差异,或者说是一种定价策略。也就是说,价格歧视通常是指商品或服务的提供者在向不同的接受者提供相同等级、相同质量的商品或服务时,在买方之间实行不同的销售价格或收费标准。尽管卖方没有正当理由就同一种商品或者服务对条件相同的买方实行不同的售价,但现实生活中,这样的情况比比皆是。

价格歧视是一种重要的垄断定价行为。因为在完全竞争市场中的竞争企业是绝对不可能进行价格歧视的。作为价格的接受者,众多竞争企业以市场价格销售相同的产品。所有的购买者对同质产品(即产品在功能和用途上完全相同)支付相同的价格。如果所有消费者都掌握了充分的信息,那么每一单位的产品之间的价格差别就不存在了。没有任何一家企业会愿意选择向消费者索要更低的价格,因为无论这家企业选择如何定价,最终他也只能以市场价格去销售产品(价格是既定的），所以企业肯定不会愿意做这样的亏本买卖。

相反，如果某家竞争企业试图向消费者索要更高的价格，那么因为完全竞争市场的商品是同质的，所以消费者肯定会转而购买其他企业的产品。因此我们可以断定一个企业如果想进行价格歧视，它必须具有一定的市场势力。在完全垄断市场中，价格歧视是垄断企业通过差别价格来获取超额利润的一种定价策略。它不仅有利于垄断企业获取更多垄断利润，而且使条件相同的消费者处于不公平的地位，妨碍了他们之间的正当竞争。价格歧视限制竞争，扰乱了市场秩序。

我们常说的"杀熟"，在互联网时代也出现了新的表现形式，即给新客户的优惠力度，有时候会超过老客户，以鼓励新客户尝试该业务，这当然也是一种价格歧视。

1.4.2　实行价格歧视的条件

能够实行价格歧视的企业必定具备一定的市场势力，而且实行价格歧视的市场必须具备一定的条件：

（1）市场存在不完善性，即竞争性均衡的基本性质不能得到满足。当市场不存在竞争或信息不畅通或由于种种原因被分割时，企业就可以利用这一点实行价格歧视。

（2）各个市场对同种商品的需求弹性不同，企业针对需求弹性小的市场实行高价格以获得更多利润。

（3）有效地把不同市场之间或市场的各部分之间分开，如封锁地区或限制自由贸易等。

在完全垄断或寡头市场中，价格歧视是很常见的。各国政府纷纷出台相关法律法规来规制价格歧视。例如，美国《反托拉斯法》一直将对市场竞争造成损害的价格歧视作为典型的不正当行为。在美国，根据《克莱顿法》和《鲁滨孙－帕特曼法》规定："从事商业的人在其商业过程中，直接或间接地对同一等级和质量商品的买者实行价格歧视，如果价格歧视的结果实质上减少竞争或旨在形成对商业的垄断，或对竞争造成其他损害，则是非法的。"

《中华人民共和国反垄断法》《中华人民共和国价格法》等相关法律的目的都在于制止不正当竞争行为，保护经营者和消费者的合法权益，鼓励和保护公平竞争，保障社会主义市场经济健康发展。《中华人民共和国反垄断法》规定，企业不正当地对不同的顾客实行价格差异行为属于价格歧视。

《中华人民共和国价格法》第十四条第五项规定："经营者提供相同商品或者服务，不得对具有同等条件的其他经营者实行价格歧视。"这里所称的"价格歧视"，是指商品或服务的提供者提供相同等级、相同质量的商品或服务时，使同等交易条件的接受者在价格上处于不平等地位。经营者没有正当理由就同一种商品或者服务,对条件相同的若干买主实行不同的交易待遇。价格歧视使条件相同的若干买主处于不公平的地位,妨碍了它们之间的正当竞争,具有限制竞争的危害。

1.4.3　价格歧视的三个等级

价格歧视作为一种垄断价格,它既是垄断者获取最大垄断利润的一种手段,又会导致不公平竞争,理所当然地应该加以限制。但是,限制价格歧视并非要取消一切价格歧视。有些差别价格,对社会经济是有积极意义的,特别是在自然垄断性的公用事业中实行差别价格,反而可以促进市场更充分地利用其设备资源。企业实行价格歧视策略,可以提高企业利润,同时增加社会福利。

根据价格差别的程度,经济学家们可以把价格歧视分为以下三个等级:

一、一级价格歧视

一级价格歧视又称为完全价格歧视,即企业可以按照任何一个消费者能接受的最高价格进行产品出售,从而赚取最大利润。换句话说,就是企业按不同的价格出售不同单位的产品,每一单位产品都有不同的价格,也就是一人一价。

例如,你想买一个手办,你的支付意愿是800元(也就是说你愿意花800元钱买这个手办),如果手办的售价是600元,那么你购买这个手办时,除了获得这个手办以外,还获得200元的消费者剩余。如果企业知道你心里的需求价格,也将手办的价格定为800元,那么你购买手办时,你的200元消费者剩余就被企业给拿走了。

当然,市场上还有其他的消费者,每个消费者的需求价格都不一样。因为企业知道所有消费者的支付意愿,它会根据不同的支付意愿定价,所以企业把所有人的消费者剩余全部拿走了,这种做法就是一级价格歧视。

一级价格歧视的前提是假定企业知道每一个消费者对任何数量的产品所要支付的最大货币量,并以此决定销售价格。对每一位消费者而言,商品的定价正好等于自己对该商品的需求价格,因而企业在销售产品时获得了每个消费者的全部消费剩余。这是一种非常极端而且不现实的情况。因为信息是不通的,企业通常不可能知道每一个顾客的保留价格,所以在实践中不可能实行完全的一级价格歧视。

二、二级价格歧视

二级价格歧视也称为非线性定价,是指垄断厂商按不同的价格出售不同单位的产品,但是购买相同数量产品的每个人都支付相同的价格。

假设企业了解消费者的需求曲线,并把需求分为不同的区间,根据不同的购买数量确定不同的价格,但是购买相同数量产品的每个人都支付相同的价格,即根据消费者购买量的不同将消费者进行分组,各组之间的价格是有差异的,但是厂商对每组里的消费者所收取的价格是一样的。

这类似于我们上学时根据考试成绩进行分班,分班后各班之间的学习进度和难度是不一样的,但是在每个班里的同学接受的进度和难度是一致的。

在一级价格歧视中,企业将所有消费者剩余都据为己有,但是在二级价格歧视中,消费者只获得了一部分消费者剩余而不是全部消费者剩余。

公用事业中的差别价格就是典型的二级价格歧视。例如,阶梯式电价就是把用户均用电量设置为若干个阶梯分段或分档次定价计算费用。第一阶段为基数电量,价格较低;第二阶段电量较高,电价也有所提升;第三阶段电量更高,价格也最贵。随着用户消费电量的增加,电价逐渐递增。因此,阶梯式电价可以提高用电销量,提高能源的效率,杜绝浪费。

综上所述,二级价格歧视是数量歧视,购买数量超过一定水平后则需支付更高的价格。此类价格歧视不是不同的人之间,而是不同的消费数量之间存在价格歧视。

三、三级价格歧视

三级价格歧视是指企业对不同市场的不同消费者实行不同的价格,在实行高价格的市场上获得超额利润,即对于同一商品,企业会根据不同市场上的需求价格弹性,实施不同的价格。

在三级价格歧视中,制造商对每个群体内部的消费者收取相同的价格,但不同群体的价格是不一样的。也就是说,三级价格歧视是对不同市场采取的歧视,重点在于对不同类型的消费者索要不同的价格。在每一个群体内部与统一定价相似,存在正的社会福利净损失,与完全竞争相比降低了社会总福利。

同样是电价问题,在二级价格歧视中,电厂根据消费者的使用量来进行阶梯式电价收费模式;而在三级价格歧视中,电厂根据弹性的不同来定价,如对于弹性较大的工业用电实行低价格收费,而对弹性较小的家庭用电实行高价格收费。厂商通过向家庭索要高电价来赚取利润。

生活中也经常能见到三级价格歧视的例子,比如公园门票,常常会有学生票、成人票、儿童票之分。

价格歧视的本质是要求垄断企业按照消费者的支付意愿将他们分开。区分的方法和标准有很多,如按消费者所处的地理位置或年龄或收入水平等。但是,有些特殊情况能阻止企业实施价格歧视,如套利,指消费者在某个市场以较低价格购买商品,然后在另外一个市场以较高的价格进行销售,以套取价格差异的利润,"黄牛"就是套利的经典例子。

可以用表1-1来比较三级价格歧视之间的异同。

表1-1　价格歧视的决定因素

	谁来购买	购买多少	价格弹性
一级价格歧视	有关	无关	不考虑
二级价格歧视	无关	有关	不考虑
三级价格歧视	有关	有关	弹性越大,价格越低

1.4.4　药品销售中的价格歧视现象

在药品销售中,价格歧视是一个很常见的现象。对于有多个厂家的普通药物而言,药品价格当然由市场竞争形成;而对于那些尚在专利保护期内、仅有一个供应商的新药而言,价格则由厂家(卖方)来决定,实质是在这个细分领域内实现了垄断;同时,由于各国的药品审批进度和医保政策不同,再加上关税税率等因素的影响,同一种药品在世界各地的市场是被分隔开来的。这就满足了价格歧视的两个条件,从而让价格歧视变为可能。

也就是说,针对不同国家和地区,药品生产企业可以设定不同的价格,即使不同货币单位都以汇率折算成人民币之后,依然存在较大差异。这种差异,主要体现在对发达国家和发展中国家的定价差异上:在存在替代品的前提下,哪怕替代品的治疗效果不如某种新药的治疗效果,但对于发展中国家和地区的患者而言,药品价格成了最重要的因素,如果新药价格太高则会选择替代品(也就是说,这部分患者的价格弹性很大);相反,在发达国家和地区的患者,或者是已经非常充分地购买了医疗保险的患者,治疗效果成了最主要的考虑因素,他们对价格的高低并不敏感。因此,一个合理的定价策略,就是对发达国家的患者收取较高的价格,对发展中国家的患者收取较低的价格。

这样一来,药品生产企业不仅实现了规模经济(药品总销售量增大,摊薄了固定成本),也获得了可观的利润。从整体上看,就相当于发达国家的患者通过购买药品替发展中国家的患者承担了一部分药品的固定成本。因此,这种价格歧视,实现了药品生产企业和患者都比较满意的结果,虽然不甚公平,但对于促进整个人类的福祉还是有正面意义的。

类似地,相当多的新药,特别是抗肿瘤药物,对于特定群体的患者,都采取了"半送半卖"或"有条件赠药"的计划,如易瑞沙、赫赛汀等。这些计划,通常要求患者先以正常价格购买一部分药品(通常是3~6个月疗程所需的药物),如果患者符合特定条件(通常是家庭贫困之类的理由),则由生产企业免费提供后续治疗所需的药品(通常也是3~6个月疗程所需的药物)。抛开企业社会责任、企业形象等问题不谈,从本质上说,这种"赠药"就相当于给特定患者打了一个对折,本质上就是对那些全额付费买药的患者的价格歧视;也就是说,那些获得"赠药"的患者为每一盒药品支付的价格,只有那些全额付费买药的患者的一半左右。通过这种方式,让原本家庭贫困、很难承受药品费用的患者也能够负担起药费,扩大了药品的使用范围。同时,这些患者也获得了原本难以负担的新药的治疗,算是一个皆大欢喜的局面。当然,同样也可以说,那些全额付费买药的患者,实际上替这些获得"赠药"的患者承担了一部分药品价格(来源于分摊的药品固定成本)。

此外,对于药品生产企业而言,如果某个买方的使用量很大,远远超过了其他买方,则可以认为该买方具有较强的议价能力,且价格弹性很大(随时可以转投其他药品生产企业),因而卖方往往需要在价格上进行让步,给该买方开出低于其他买方的价格。这种现象,在我国医保机构与国外制药企业的谈判之中已经多次体现出来:中国巨大的市场就意味着巨大的药物用量,"以量换价"对于很多药厂而言依然是个划算的买卖,从而使这些药品出现了"价格洼地"的现象(即在我国药品的销售价格显著低于世界其他国家和地区的价格)。

另外,本书中讨论较多的是城市中的医疗机构,但在面积广大的农村地区,还有许多乡镇医院、卫生院、卫生室。这些机构规模较小,患者人数和用药量当然也较少,在议价能力上显然低于城市中的大型医院;而它们又不属于城镇职工医疗保险的体系(通常属于新型农村合作医疗保险的定点机构,简称"新农合"),很难享受到医保集中采购带来的收益。甚至很多药品生产企业都不愿意直接和它们发生交易,而是由省级代理商去销售药品。因此,对这些乡镇医院、卫生院、卫生室而言,存在价格歧视也是不可避免的问题。

总之,在药品销售领域,价格歧视是一个广泛存在的实际现象,对解决"看病贵"问题可能有积极的作用,值得人们深入研究。

第2章　市场竞争原理

2.1　市　场　竞　争

2.1.1　四种竞争类型的市场及其形成条件

市场由购买某种产品或服务的买方和销售该产品或服务的卖方所组成,买方群体决定了产品的需求,卖方群体决定了产品的供给。经济学家按照不同的划分方法将市场划分为不同种类,如按市场的时间标准划分为现货市场和期货市场,按市场的空间标准划分为国际市场和国内市场。

此外,经济学家分别从买卖双方的角度来划分市场类型。从买方的角度来分析,可以按照购买者的购买目的和身份的不同将市场划分为消费者市场、生产者市场、专卖者市场和政府市场。从卖方的角度来分析,可以按照市场结构(即产品或服务供给方的状况)将市场划分为完全竞争市场、完全垄断市场、垄断竞争市场(不完全竞争市场)和寡头垄断市场,这就是微观经济学中最著名的四种市场。

四种市场各有千秋,在区别各类市场特点时,经济学家会根据市场的竞争程度及价格形成等产生战略性影响的市场组织特征来划分市场。决定市场结构的因素有很多,主要是市场集中程度、产品差别化程度和市场准入程度。在不同的市场结构下,企业对市场的控制力各不相同,也就是说企业具有不同的市场势力,所以企业行为所受到的制约程度也是不同的。

因此,在这四种不同的市场类型中,商品的均衡价格与均衡数量也是各不相同的。

划分市场结构的重要标准主要有以下四个方面:

一、市场中企业的数量

企业数量的多少决定了企业的市场势力,具有不同市场势力的企业对市场的控制力是截然不同的。所以说市场势力影响着企业之间的竞争与决策。企业数量越多,那么该市场中企业之间的竞争就越大,单个企业对市场的影响力就越小。

如果企业数量是1,那么这个市场就是完全垄断的。如果只有少数几家企业,那么该市场就是寡头垄断;如果企业数量很多,那么该市场要么是完全竞争市场,要么是垄断竞争市场。

二、产品的差异程度

产品的差别程度反映了产品之间的相互替代程度,如果产品无差别或差别极小,即被称为同质产品,那么各企业所生产的产品之间的相互替代性很强,对于消费者而言,买哪一家企业所生产的产品都无所谓。因为产品差别不大,所以产品所带来的效用是差不多的。这个道理非常容易理解,设想如果产品从外观到功能都无差别,那么对于买家来说买任何一个厂家的产品都是一样的。

在垄断市场,不存在产品差异问题,因为该市场只有唯一一个生产者,没有竞争者的存在,也就不存在产品是否同质的问题。然而,产品是否具有同质性是区分完全竞争市场和垄断竞争市场的重要标准。

如果很多企业生产和销售的是相同的产品(商品具有同质性),那么该市场就是完全竞争的。如果企业生产和销售的产品略有不同,那么该市场就是垄断竞争。在现实中,我们很难做到像理论概念那样界限分明,有时可能难以确定用什么市场结构来描述某个市场。

我们可以观察同行业不同厂商所提供的产品之间的细微差别。例如,质量差别、功能差别或是商标、包装、广告的差别,甚至是售后服务的区别等。由于产品之间的细微差异,导致产品并不是完全互相替代的,因此企业之间具有一定的竞争性。

事实上,企业的一项重要工作,就是努力找到这种差异,并让市场、消费者认可;同时,用商标、商誉、广告等将这种差异符号化、公式化,便于消费者识别,从而尽可能地在竞争中占据优势。

三、企业对商品价格的控制程度

这与企业数量息息相关,若该行业里企业数量众多,那么单个企业所占市场份额微小,对市场的影响力就越弱,对产品价格的控制力也就越弱。在完全竞争市场中,单个企业是无法控制市场价格的,它只是市场价格的接受者。垄断竞争市场的企业数量较多,但是由于商品的差异性,使得企业既面对着竞争又具有某种程度的市场势力。所以,尽管单个企业对价格的控制程度较低,但还没有达到企业无力控制产品价格的程度。

若该行业里企业数量较少,单个企业所占市场份额大,就能较为轻易地操纵和控制商品的市场价格。最典型的例子就是垄断企业,所谓垄断就是某个企业在某个具体市场中占据了极大的份额,比如超过30%～50%。

例如,1870年,洛克菲勒在美国俄亥俄州创建的标准石油公司,是当时世界上最大的垄断企业,控制了全美90%的炼油业,富可敌国。今天,各国的反不正当竞争法中,对于垄断地位的认定有了更复杂的标准,但"市场占有率"依然是一个简单直白而又有效的参数。当然,市场占有率的计算相当复杂,尤其是在考虑细分市场时。

又如,某家汽车公司,年销售量仅仅占据市场的百分之几,完全谈不上垄断;但其主打产品是一款供下肢残疾人专用的特殊汽车,尽管销售额不大,但在这个狭小的市场中已经占到了总销售量的 50% 以上,就应当认为是已经形成了对市场的垄断。

四、市场准入难易程度

市场准入难易程度即企业是否可以不受限制(壁垒)而自由地进入或退出某一行业,如果答案是肯定的,那么该市场很容易进退,如果答案是否定的,那么该市场则很难进退。有的行业,准入门槛很高,新企业根本无法进入。有的行业,不设制任何准入限制,新企业可以自由进入。一个行业的准入壁垒的高低决定了该行业的企业数量。

一般来说,准入限制大、壁垒高的行业,企业数量就少;准入限制小、壁垒低甚至无壁垒的行业,企业数量就多。

对于完全竞争市场,市场准入门槛极低,即企业可以自由地进入或退出市场,没有任何自然上、社会上或法律上的障碍,所有的资源可以在企业之间和各行业之间完全自由地流动。这意味着任何一种资源都可以及时投向能获得最大利润的生产领域或者及时从造成亏损的生产领域中退出,这就是一种实现长期均衡的强大力量。

垄断竞争企业可以自由选择进入或退出市场,这与完全竞争市场非常类似。因为垄断竞争市场上的企业数量众多,企业的规模都不算很大,进入该行业的资本也不需要太多,因此进入或退出市场相对来说比较容易。

当然,这里所说的"壁垒",既包括了看得见的壁垒,也包括无形的壁垒。比如,汽车制造工厂,往往需要数亿元的投资,才可能建起一条能实际生产的流水线,这就是资金壁垒;航天器、运载火箭的制造,则需要有非常专业的技术人才队伍,这就是技术壁垒;而有些特殊行业,各个国家、地区往往实施特许制度,如武器制造、烟草、炼油等领域,都是必须经过非常复杂的审批制度方可进行,而且还有总量控制,这就是政策壁垒。许多国家和地区还对非本国投资者的投资行为实行预先审查,对特定的行业、特定的商业行为可能会予以阻止,而理由仅是可能危及本国的产业安全,这种政策性的壁垒,有时候是极难克服的。

新闻链接:

2018 年 2 月 22 日,美国 Xcerra 公司宣布,被华为收购一事告吹。华为公司和该公司经过谈判,达成了一项收购协议,交易金额达到 8.5 亿美元之多。然而,美国外资投资委员会(CFIUS)经过审查后认为,Xcerra公司的业务涉及芯片制造,被中国企业收购后,可能危及美国的国家安全,因而否决了这项交易。

2.1.2 政府监管及反垄断法

当看不见的手无法自行调节优化资源配置时,政府的政策制定者面对完全垄断市场就面临一个选择:管还是不管?

一、选择一:政府不进行任何干预

自由放任的经济理论被认为是纯粹的、经济上的自由意志主义的市场观点,主张让自由市场自行其道,省去任何由政府运作所造成的效率不彰。凯恩斯理论出现以前的经济学主流学派相信经济规律,他们认为在大多数情形下,政府最好不要去试图解决垄断的无效率问题。

例如,经济学家乔治·斯蒂格勒[①]曾指出:"在资源数量既定的情形下,竞争企业经济能生产出最大可能的收入。现实中的经济都不能完全满足这个定理的条件,所有现实经济和理想经济之间都有差距,这个差距称为市场失灵。然而,我认为美国经济的市场失灵程度远小于现实政治体制中经济政策不完善造成的政治失灵。"很明显,他认为政治失灵的问题更为严重。所以,对于垄断的行为,政府最好的做法就是放任不管。

二、选择二:政府进行干预

如果政府选择对市场进行干预,无非是通过管制垄断企业的行为、垄断企业私有化等方式通过相应法律法规加强行业的竞争性。

反垄断法让政府可以采用各种方法来促进竞争。反垄断法是国家权力干预经济的法律形式之一,最早起源于美国的反托拉斯立法。法学界公认反垄断法的诞生以美国1890年颁布的《谢尔曼法》[②]为标志。

美国的《谢尔曼反托拉斯法》规定:"任何合同,只要以托拉斯或其他形式联合或进行密谋,以限制洲际之间或与外国进行的交易或商业活动,都是非法的。任何人,只要他垄断或试图垄断,或与任何其他人联合或密谋,以垄断洲际之间或与外国进行的交易或商业活动,都被视为轻微犯罪,相应的处罚为不超过5万美元的罚款,或不超过一年的监禁或两者并罚,由法院斟酌决定。谢尔曼法案将寡头垄断企业之间的无法实施的合同上升为一种犯罪的密谋。"

---

① 乔治·斯蒂格勒,美国著名经济学家,与费里德曼一起并称为芝加哥经济学派的领袖人物。

② 《谢尔曼法》是1890年美国国会制定的第一部反托拉斯法,也是美国历史上第一个授权联邦政府控制和干预经济的法案。

反垄断法解决有无竞争的问题,其目的是消除限制竞争的现象,不管是经营者实施的限制竞争的行为,还是使竞争无法展开的市场结构,目的都是促进竞争自由。这些法律还阻止寡头垄断企业联合行动,避免联合行动降低市场的竞争程度,导致某个企业具有过大的市场势力所造成的社会福利的损失。

《中华人民共和国反垄断法》第 1 条的规定反映了我国反垄断法的宗旨,即为了预防和制止垄断行为,保护市场公平竞争,提高经济运行效率,维护消费者利益和社会公共利益,促进社会主义市场经济健康发展。

依法治国是社会文明进步的显著标志,是建设中国特色社会主义经济政治文化构建和谐社会的必然要求。我国实行依法治国战略有利于加强和改善党的领导,有利于发展社会主义民主,实现人民当家做主,有利于发展社会主义市场经济和扩大对外开放,有利于保障国家的长治久安。

每个政策方法都有自己的优势和缺陷。在解决经济问题时,政府的政策制定者应该从经济、政治、社会等多角度权衡利弊进行选择。事实上,政府这只"看得见的手",在市场这只"看不见的手"没能正确发挥作用时,往往也会深思熟虑要不要进行干预,以免给市场带来更大的负面影响。

2.2　交　易　费　用

2.2.1　交易费用的形成原因

交易成本又称交易费用,是由诺贝尔经济学奖得主科斯[①]所提出的。经济体系中企业的专业分工与市场价格机能之运作,产生了专业分工的现象;使用市场的价格机能的成本相对偏高,从而形成企业机制,它是人类追求经济效率所形成的组织体。由于交易成本泛指所有为促成交易发生而形成的成本,因此很难进行明确的界定与列举,不同的交易往往就涉及不同种类的交易成本。

交易费用是指在完成一笔交易时,交易双方在买卖前后所产生的各种与此交易相关的成本。

(1)有限理性:交易进行参与的人,因为身心、智能、情绪等限制,在追求效益极大化时所产生的限制约束。

(2)投机主义:参与交易进行的各方,为寻求自我利益而采取的欺诈、隐瞒等手法,同时增加了彼此之间的不信任,因而导致交易过程监督成本的增加而降低经

---

①　罗纳德·哈里·科斯(R. H. Coase),新制度经济学的鼻祖,芝加哥学派代表人物之一,1991 年诺贝尔经济学奖的获得者

济效率。

（3）不确定性与复杂性：由于环境因素中充满不可预期性和各种变化，交易双方均将未来的不确定性及复杂性纳入契约中，使得交易过程增加不少订立契约时的议价成本，并使交易难度上升。

某些交易过程过于专属性，或因为异质性信息与资源无法流通，使得交易对象减少及造成市场被少数人把持，使得市场运作失灵。因为环境的不确定性和自利行为产生的机会主义，交易双方往往掌握有不同程度的信息，使得市场的先占者拥有较多的有利信息而获益，并形成少数交易。

2.2.2　交易费用的本质

交易费用本质上包括了双方寻找信息并确认信息真实性、完整性而付出的代价。这种费用，有时候体现为直接的交易成本，有时候则体现为交易机会的错失。比如，招聘和求职的过程，也可以看成对劳动力交易而进行的沟通过程。对于雇主一方而言，很难看到某人是否具有某种"能力"，以及这种能力的大小。相反，雇主一方可以看到求职者的学历、职称、技能证书、所获奖励等资料，这些资料本质上大多数都属于第三方进行的评价、认证和认可，有助于雇主一方获得更充分的信息，同时也增加了求职者获得雇佣（出售自己的劳动力）的机会。而为了获得这些认证、认可，求职者有时候不得不花费时间与资源去通过各种考试，这里的花费资源，本质上也是一种交易费用，只不过是对于不特定的多个雇主之间的交易费用。

2.2.3　规模经济的成因

规模经济是指通过扩大生产规模而引起经济效益增加的现象。随着产量的增加，企业的长期平均总成本下降，但这并不意味着企业的规模越大越好。因为一旦企业规模超过了一定限度，边际效益就会逐渐下滑，甚至变成负数，引起规模不经济的情况出现。规模经济产生的主要原因是当产量水平较高时，工人进行分工合作，实现专业化。而学习效应可以使工人从事他擅长的具体任务，从而提高工作效率、增加产量；此外，运输、订购原材料等方面存在的经济性也能促进规模经济的产生。

经济学活动中，我们可以将某个商品的成本划分为可变成本与不可变成本。所谓可变成本，指的是因为多生产某一件产品、某一个服务，而额外增加的费用。比如，为了多制造一笼馒头，就不得不多花费一些面粉、一些水和一些天然气，还得让蒸馒头的工人多劳动十多分钟（体现为工资），这些面粉、水、天然气和工资都是馒头的可变成本。然而，无论是否多生产这一笼馒头，馒头铺的房租、银行的贷款利息照样支付，这部分成本并不因为生产的多少而有变化，这就是固定成本。

很显然,对于规模经济而言,固定成本可以摊销到更多的产品中,从而让单个产品的总成本减少。比如,假设该馒头铺的房租和银行的贷款利息每个月合计为6 000 元;生产每个馒头,所需的面粉、水、天然气和工人工资(以工资折算为单位时间的价格),一共是 0.2 元。假设该店铺每个月生产 3 000 个馒头,则每个馒头的总成本为

0.2(可变成本) + 6 000/3 000(每个馒头分摊的固定成本) =2.2 元

而假设该店铺每个月生产 30 000 个馒头,则每个馒头的总成本为

0.2(可变成本) + 6 000/30 000(每个馒头分摊的固定成本) =0.4 元

显然,顾客不会为同样的馒头而多付几倍的价钱,0.4 元一个的馒头,比 2.2 元一个的馒头更有竞争力,这就是规模经济的效果体现。

对于技术含量更高的产品,固定成本,往往还包括研究、开发的费用,相比之下,可变成本反而可能很低。比如,开发一套财务软件,需要数十个程序员大半年的劳动,这部分人力成本支出可想而知;而当该软件被复制在光盘上销售时,光盘本身的制造成本可能只有 2 ~ 3 元钱,为销售一套软件而付出的促销、售后费用,可能也只有不到 10 元钱。显然,在该软件的最终售价中(实际售价为数千甚至上万元一套),绝大部分是用来分摊固定成本的,其可变成本相比起来微不足道。

类似地,新药开发的费用也非常昂贵,一个完全意义上的新药,其研究费用通常以"亿美元"作为单位;相应地,为了建设其生产车间(需要符合 GMP 标准)、购买合格设备,所需要的投资也很大,通常以千万元计。这些固定成本,都远远超过了药品本身的可变成本(原料、电费、工资),因此一个新药生产得越多,每盒药品分摊的固定成本就越低,属于一种典型的规模经济。

第3章 市场博弈

3.1 博 弈 论

3.1.1 博弈论的提出

博弈论又名为对策论,是研究人们在策略性情形下的行为的一门学问,主要研究发生直接相互作用决策主体所做出的决策以及这种决策的均衡问题,它已成为经济学的标准分析工具之一。

在现实生活中,尤其在竞技体育比赛中,博弈是一种常见现象。如围棋比赛中,比赛双方对垒的目的是要战胜对方。在比赛过程中,选手根据对手的情况排兵布阵,同时根据比赛状况和对手的行动决定自己的下一步行动。双方的利益互相影响、互相制约。

所以,一般而言,博弈表现为两个或两个以上具有利害冲突的参与者或当事人处于一种互不相容的状态中,一方的行动取决于对方的行动,每个参与者的利益都取决于所有参与人的行动。也就是说,参与博弈的每个人都会预测其他人的行动,据此来决定自己的行动策略,尽可能追求自己利益的最大化(不仅包括积极争取最高的收益,也包括努力避免最大的损失,而后者往往更为重要)。

在经济学中,博弈论是研究当某一经济主体的决策受到其他经济主体的影响时,该经济主体分析双方的情况后所做出的决策,以及该决策又反过来影响其他经济主体在选择时的决策问题。换句话说,博弈论是指相互作用的经济主体假定其他主体所选择的战略为既定时,选择自己的最优战略状态。尽管很多人把博弈论看作经济学的一个分支,其实严格地说,博弈论并不是经济学的一个分支,而是一种方法论。经济学和博弈论的研究模式是一样的,都强调人是理性的,即人们会在给定的条件下追求效用最大化或者利润最大化。为了实现自己的利益最大化,在决策时必然会考虑其他人的反应。将博弈论运用到经济学中,经济学家将效用或利润用数学函数进行表达和推算,进而找到最优决策。

当然,博弈论也有它存在的先决条件,那就是所有参与者都是完全的"理性人"，正如本书开头提到的经济学五大假设中的"理性人假设"一样。也就是说，要求所有参与者（决策者）都有足够的理性，能够分析、预测其他人的行为，并且也知道其他人能够预测自己的行为（信息对称）；更重要的是，所有人都能够用理性战胜自己的情绪，坚信"再小的鱼也比空盘子好"，不会因为利益相对较小而懒于争取，更不会因为感觉"分配不公平"，宁愿自己受损也不和别人分享利益，"大不了大家都倒霉"；同样，这些人也必须铁石心肠，不会为了同情心，为了追求"公平"，而主动让出一部分自己可以到手的利益，分给其他人。现实之中，能做到这三点并不容易，毕竟人类绝大多数情况下都是感情动物，为了讨论方便，这里只是做一个近似的假设。

纳什均衡又称为非合作博弈均衡，是博弈论中的一个重要术语，以著名经济学家、诺贝尔奖得主约翰·纳什[①]而命名，他的研究奠定了现代非合作博弈论的基石。

纳什均衡是指在一个博弈过程中，无论对方的策略选择如何，当事人一方都会选择某个确定的策略，则该策略称作支配性策略。如果两个博弈当事人的策略组合分别构成各自的支配性策略，那么这个组合就被定义为纳什均衡。

理论上，四种纳什均衡（纳什均衡、子博弈完美纳什均衡、贝叶斯纳什均衡、完美贝叶斯纳什均衡）都描述了在博弈中所有参与者所选战略的一个组合，在这个战略组合中，每个参与者的战略都是针对其他参与者战略的最优反应，在这种战略组合下没有参与者愿意背弃原先选定的战略。每个博弈者的均衡策略都是为了达到自己期望收益的最大值，与此同时，其他所有博弈者也遵循同样的策略。说通俗些就是几个参与者的决定，在某种策略组合时，任何参与者单独改变策略都不会得到好处，这个策略组合就是纳什均衡。

3.1.2 博弈论的实例

一、智猪博弈

著名的智猪博弈是假设猪圈里有两头猪，一头大猪，一头小猪。大猪跑得快吃得多，小猪跑得慢吃得少。但猪圈很长，其中一头有一个踏板，另一头是饲料的出口和食槽。猪每踩一下踏板，另一边就会有相当于 10 份的猪食进槽，但是猪踩踏板以及跑到食槽所需要付出的"劳动"加起来要消耗相当于 2 份的猪食。由于踏板和食槽分别位于笼子的两端，如果有一头猪去踩踏板，另一头猪就有机会抢先吃到食槽里落下的食物，坐享其成。而真正付出劳动（踩踏板）的猪却什么都吃不到，等它好不容易跑到食槽的时候，另一头猪早已把食物吃得所剩无几了。

---

① 纳什在非合作博弈均衡分析理论方面做出了开创性的贡献，揭示了博弈均衡与经济均衡的内在联系，对博弈论和经济学产生了重大影响。

对小猪而言,无论大猪是否踩动踏板,小猪最好的选择就是舒舒服服地等在食槽边,也就是"搭便车"策略。

在大猪知道小猪不会选择去踩动踏板时,那么对于它来说,最好的选择就是自己亲自去踩踏板,尽管它所获得的食物并不多,这总比什么都没有强,所以最终这头大猪只好为一点残羹不知疲倦地奔忙于踏板和食槽之间。

二、囚徒困境

几乎任何一本关于博弈论的书籍里都会提到这个最具代表性的经典例子,囚徒困境是博弈论的非零,它反映了个人的最佳选择,并不是团体的最佳选择。

这个耐人寻味的案例讲的是两名囚徒的故事:有两名囚徒一起做坏事,结果他们被警察抓了起来。警察把他们分别关在两个独立的不能互通信息的牢房里进行审讯。在这种情形下,两名囚徒都可以做出自己的选择:①选择供出他的同伙;②选择保持沉默,拒不供认。

这两名囚徒都知道,如果他们都保持沉默的话,就都会被释放,因为只要他们拒不承认罪行,警方就没有确凿的证据,也就无法给他们定罪。警方希望囚徒能够供认罪行,所以警察将两名囚徒分别关押,截断两人互通信息的渠道,而且警察会分别告诉他们如果其中一个人告发了他的同伙,那么他就可以被无罪释放。而他的同伙则会被按照最重的罪行来判决,并且为了加重惩罚,还要对他施以罚款,作为对告发者的奖赏。但是,两名囚徒并不知道如果他们都选择互相背叛的话,两个人都会受到判决,谁都不会被无罪释放。

表 3 - 1   两名囚徒的收益矩阵

		囚徒 A	
		供认	保持沉默
囚徒 B	供认	A 判刑 5 年,B 判刑 5 年	B 自由 + 获得奖励;A 判刑 20 年
	保持沉默	A 自由 + 获得奖励;B 判刑 20 年	A、B 无罪释放

从表 3 - 1 可以看出,每名囚徒不得不面对激励而做出选择,他们都有两种可供选择的策略:供认或不供认。那么,这两名囚徒该怎么办呢? 是选择通力合作还是互相背叛呢? 从表面上看,他们应该互相合作,保持沉默,因为只有这样他们才能得到最好的结果:自由。但每名囚徒选择最优策略时都不得不考虑同伙的策略选择,即不论其同伙选择什么策略,对于每名囚徒而言,最优的选择策略都是供认。

为什么最优选择是供认呢? 我们分别从两名囚徒的角度来看待这个问题。面对激励,囚徒 A 会意识到他的同伙很有可能选择向警方提供对自己不利的证据,同伙被无罪释放,而自己独自坐牢,这种做法的诱惑力实在太大了,所以囚徒 B 同样也会这么想。那么,唯一理性的选择就是背叛同伙,把一切都告诉警方,因为如果他的同伙选择保持沉默,那么他就会被无罪释放。如果他的同伙也根据这个逻辑向警方交代了罪行,尽管他们都会被关起来,但是坐牢的时间会比自己一个人被判刑的时候要短得多。所以,其结果就是两名囚徒按照不顾一切的逻辑都会选择供认罪行。

囚徒困境帮助我们很好地理解了占优策略,它也是博弈论中的一个专业术语,是指无论对方如何选择,自己都有最佳选择的竞争策略,换句话说,就是不论其他参与者做出何种策略选择,每个参与者的最佳策略都是唯一的,其结果就是占优策略。在囚徒困境的例子中,选择(供认、供认)是策略组合的占优策略,同时也一定是纳什均衡,因为每一个参与者的占优策略是对其他参与者任何设定策略的最优选择。

实际上,“囚徒困境”在司法实践中非常常用,我国法律规定的“坦白从宽,抗拒从严,立功受奖”就是一个应用;在世界上的其他一些国家和地区,则有“污点证人”的设置,目的也是利用被告人之间的博弈来完成对主犯的指控。

3.1.3　有限次博弈和多次博弈的影响

从字面意思来理解,有限次博弈即同一个博弈被重复的次数是有限的,而多次重复博弈是指同一个博弈被重复多次。在多次重复博弈中,对于任何一个参与者的欺骗和违约行为,其他参与者总会有机会给予报复。

同样以囚徒困境为例。囚徒困境表明合作是困难的,那么为什么有时囚徒在面对警方的审问时并不会揭发同伙的罪行呢?有时无论警方给予他们何种激励,他们都会默不作声死不认罪呢?为什么两名囚徒会选择合作呢?

原因很明显,肯定是由于某种条件的改变使得合作对双方的收益更有益。博弈的参与方通常能够解决囚徒的困境问题,因为他们之间的博弈不是进行一次而是进行很多次。重复进行的博弈称为重复博弈。重复博弈是指同一个博弈被重复多次,对于任何一个参与者的欺骗和违约行为,其他参与者总有机会给予报复。所以,只要每个参与者对未来利益足够关注,他们都会选择放弃背叛,因为背叛只能得到一时的收益,采取违约的行为损失更为惨重。因此,如果是在重复进行的囚徒困境博弈中,两个参与者都会选择合作的结果。

3.1.4　信息不对称情况下的博弈

在经济学的五个基本假设中就有一个信息对称,即假定参与市场竞争、博弈中的各方都同等地掌握了信息,任何一方都没有相对于其他人的信息优势,因而各方可以理智、充分地做出决策。

然而,在现实之中,情况往往恰好相反,博弈中的双方或多方掌握的信息并不对等,在博弈中就会有一方取得显著的优势。一个合适的例子是:在军事行动中,如果一方的信息优势极大,比如说可以通过红外线、卫星等手段侦查到敌方的行动,而敌方却完全没有能力做到这一点,效果就像是"单方面的黑夜",对占有优势的一方"单项透明"。在海湾战争中,这一点就非常明显,多国部队对于伊拉克军队简直是一边倒的碾压。此刻,在信息获取上处于劣势的一方所做出的每一个决策都可能是错误的,当然也就谈不上双方的纳什均衡了。以理性人的角度而言,此刻能选择的最优策略只有一个:在几个选项中,预计损失最小的那一个;或者说,损失的后果是能够承受的那一个。

比如,在海湾战争期间,多国联军占据了绝对的空中优势,伊拉克空军几乎是起飞就会被击落。在这种情况下,伊拉克军队选择将大量的飞机掩埋在沙漠中隐藏,就是一种避免更大损失的博弈策略(至少可以保护比飞机更宝贵的飞行员)。

还有一种情况,是博弈中的双方都只清楚自己的信息,不了解对方的信息。在这种情况下,比较合理的策略就是预判对方可能采用的各种选择,然后估计对方选择的概率区间,按照概率高低来配置自己的策略,做到控制己方的损失风险。

3.1.5 "柠檬法"和"劣币逐驱良币"

具体而言,在信息不对称的情况下,如果没有外力消除,则博弈中就会出现一些双方都没有好处的选择,却又是双方都不得不选择的情形。

"柠檬法"的概念,最早出自美国的二手车交易之中。对于新车,我们可以通过各种介绍性的文章、广告来确定其性能高下,双方信息基本对等;但对于二手车,卖家对于买家就占有绝对的信息优势:这辆车的打火性能、动力性能、制动性能如何都很难从车的外观看出来。哪怕是卖家允许买家试驾,买家也未必能在短时间内看出这辆车的瑕疵。当然,卖家对此是心知肚明的,而买家却毫无办法,买车成了撞大运。

因此,有人就将这种状况,形象地比喻为吃水果馅饼:一个馅饼放在眼前,并不告诉你里头是酸涩的柠檬、甘甜的樱桃还是酸甜适中的橘子,只有你买下来咬一口才知道——而那个时候,就算你被酸得掉眼泪,已经为时已晚了!

久而久之,对于一个理性的买家而言,他的决策当然是:默认所有的二手车都是有质量瑕疵的,也就是"酸柠檬",只愿意出较低的价格购买。这样,如果他猜测对了,那么至少自己不吃亏;如果他猜错了,那么就是以低价买到了一部优质的二手车。

对于理性的卖家而言,他的决策矩阵就比较尴尬了:如果卖的是优质的二手车

（"甜樱桃"），但买家只肯出劣质的二手车的价格（"酸柠檬"的价），那么自己亏了；相反，如果自己卖的本来就是劣质的二手车，那么无论买家以哪类价格购买，自己都不会吃亏。

反过来说，哪怕有卖家无视博弈矩阵，执意要出售优质的二手车，那他面对的结果只有两个（表3-2）：要么，索取高价，但因为买家无法确认其质量而拒绝购买；要么，索取低价，优质车卖了个劣质车的价钱，无论哪种都是亏本买卖，不符合经济学理性人的假说。

表3-2　二手车买卖中的决策矩阵

		买家	
		以正常价格购买	以低价购买
卖家	卖优质的二手车	双方不赚不赔	买家赚到
	卖劣质的二手车	卖家赚到	双方不赚不赔

在双方都是理性人的假设下，很显然，买卖双方都没有把握能够获得超额的利润，但有把握避免对方获益而自己受损，那就是矩阵的右下角——买家永远只肯出低价购买，而卖家永远只销售劣质的二手车。

久而久之，当二手车市场里的每个人都这么思考问题之后，市场上就再也不会有优质的二手车出现了。相反，越是质量低于平均水平的劣质二手车，卖家反而越有盈利的空间，最终就是市场里的二手车质量越来越糟糕。

当然，这个问题最终还是通过法律手段来解决了：美国率先通过联邦立法，规定了二手车交易中双方的权利义务：如果某一部二手车，存在难以在短时间察觉的深层次瑕疵（比如发动机的工作不良），又足以影响正常人是否购买的决定的，则该车被称为"柠檬车"，原车主人（二手车交易中的卖家）有责任以原来的价格将车买回。如果这种瑕疵非常严重，而原车主人在交易时故意加以掩盖的，法庭除了责令其原价买回车子之外，还必须再赔偿一笔钱给买家（通常是购车价格的一半或全部），作为惩罚性赔偿，以此来打击那些不诚信的卖家，保护市场的信心。

实际上，《中华人民共和国消费者权益保护法》中也有类似规定，甚至将惩罚性赔偿提高到了"退一赔三"，立法本意就与此类似。

链接：

《中华人民共和国消费者权益保护法》

第五十五条 经营者提供商品或者服务有欺诈行为的，应当按照消费者的要求增加赔偿其受到的损失，增加赔偿的金额为消费者购买商品的价款或者接受服务的费用的三倍;增加赔偿的金额不足五百元的,为五百元。法律另有规定的,依照其规定。

经营者明知商品或者服务存在缺陷,仍然向消费者提供,造成消费者或者其他受害人死亡或者健康严重损害的,受害人有权要求经营者依照本法第四十九条、第五十一条等法律规定赔偿损失,并有权要求所受损失二倍以下的惩罚性赔偿。

类似地,在人类漫长的历史上,很多国家和地区都发生过发行不足值货币(面值或声称的价值低于实际价值)的事情。普通人拿到这种不足值的货币,第一个念头当然是尽快将其用出去,不要烂在自己的手里;相反,如果手头有足值的货币,比如银元、金条、特定国家的外币,那么绝对要紧紧的攥在手里,作为一种保值的手段。久而久之,足值的货币都被藏到了各家的保险柜、床垫下、泡菜坛子里,从市面流通中彻底消失;而市面上大行其道的,就只剩下了不足值甚至价同废纸的货币。这种现象,就是经济学中的"劣币驱逐良币"现象。

总而言之,无论是"柠檬法"还是"劣币驱逐良币",本质上都是在博弈中的一种奇怪现象:如果没有外部干预,则双方都会首先选择最不容易受损的选项,从而令双方都很难获益。久而久之,还会导致整个市场的恶化,是应该尽力避免的双输结局。

3.2 外 部 性

3.2.1 外部性的概念

最早提出外部性这个问题的是英国经济学家亚瑟·塞西尔·庇古[1]。在传统的经济学中,将不同主体之间的交易行为视为资源分配的过程与依据,也即亚当·斯密提出的"看不见的手"的作用。然而,庇古却认为这种观点是不全面的:一些没有参与交易行为的主体,却会受到交易主体行为的影响;如果将这些人统统排除在讨论之外,显然是不公平的,也是不全面的。

因此,庇古提出了外部性这个概念:在某个经济活动中,对活动之外的其他主体所产生的影响,就叫作外部性。此处所述的"其他主体",既可能是特定的某些个人、某些企业,也可能是不特定的一群人,甚至可能是整个社会,但核心是一致的:这些"其他主体",并未参与这个经济活动,出于活动的"外部",所以就称为"外部性"。简单地说就是某人的某个经济活动,会对其他无关的人带来好或坏的影响,而这些人实际上并没有参加此人的经济活动,但也被动承受了这些影响。这一

---

① 亚瑟·塞西尔·庇古,英国著名经济学家,剑桥学派的主要代表之一。

观点提出之后,很快得到了经济学界的认可,尤其是用它来解释诸多经济学现象,会比单纯使用市场调节、供求平衡、价格弹性等理论更加有说服力。

3.2.2　外部性的后果

经济学中,外部性基本上可以用成本升高或降低、价格升高或降低、交易成本升高或降低等几种简化的指标来描述。

一、正外部性的后果

在正外部性方面,最常见的例子就是技术进步带来的交易成本降低、交易机会的增加。今天,跨地区旅游正变得越来越容易,旅途时间大幅度缩短,这主要归功于高速铁路网的建设。比如,2018 年西成高铁的开通,就让西安、成都两地的居民,甚至四川省、陕西省的居民去对方的城市旅行变得简单多了,也间接使得两地的餐饮、旅游产业获得了更多的收益。高铁建设,投资是代表国家的国务院国有资产监督管理委员会,承建是各个铁路工程公司,和普通的乘客并无关系,与两地的旅游产业从业者也没有直接关系,但高铁的通车,显著地降低了旅客出行的时间成本,增加了旅游产业的收益,从而体现出了对旅客、对社会的正外部性。

类似地,我们在很多楼盘的广告中,都会看到诸如"地铁站旁""双地铁站附近"这样的广告语。地铁的投资人往往是当地的城市投资集团,建设者是工程公司,运营者是各类轨道交通公司,乘车的则是乘客——看起来,和房屋买卖的双方(房开商、购房者)都没有直接的经济往来,和购房交易完全无关;但很显然,这类拥有交通便利条件的房子,往往更受购房者欢迎,房产增值也更容易,因而销售价格通常也较高、销售成本更低。这种时候,该城市修建地铁的行为,给购房者、房开商都带来了正的外部性。

二、负外部性的后果

负外部性的体现形式,通常是其他人的成本增加、收益降低,或者是交易成本升高、交易机会的减少,有时候还会体现为资产的价值降低。

最常见的负外部性,就是工业性生产对于环境资源的破坏。工厂烟囱里排放出的废气染黑了天空,排水管里流出的废水弄臭了河流,周围居民的生存质量当然会受到不良影响,比如必须在自家厨房的水槽里加装净水器,或是隔三岔五地去医院治疗呼吸道疾病。看似工厂的生产、销售与这些居民无关,但因生产、销售而导致的居民的生活成本增高,却是铁板钉钉的事实,这就是"成本增加"的一个典型例证。

与"修建高铁"的例子相反,倘若某个旅游景点,某几个黑心店家多次高价宰客,事件随即通过媒体曝光。而许多潜在的游客就会因此对这个旅游景点敬而远之。而在当地的其他良心店家,当然也会因此而遭受损失(期待中的收益减小甚至消失),尽管他们并未参与宰客行为,却依然蒙受了"交易机会减少"这个负外部性带来的损失。

甚至有一些看似完全"正常"的行为,似乎也很合乎市场的需要,但同时却带来了负外部性。比如,当数码相机普及之后,民用胶卷行业在短短几年内就彻底消失;而当带有摄像功能的智能手机出现后,相机行业也大大萎缩。这种情况颇有些像是小说《三体》里的那句对话:"我毁灭你,与你无关。"

又比如,某高档小区旁边,修建了一个安居房小区。尽管该安居房小区的卖家(授权的房开商)和买家(符合条件的中低收入群体),都与高档小区的居民不发生直接联系,但却足以影响高档小区的业主对于自身房产的估价。类似地,在现实中也的确发生过:美国的底特律,因为犯罪率居高不下,特别是街头抢劫之类的暴力犯罪屡屡发生,大量的居民选择离开此地,从而导致当地的房价暴跌,甚至出现了"一千美元买一套别墅"的咄咄怪事,这就是负外部性导致资产价值降低的例子。

3.2.3 外部性的对策

亚当·斯密提出的"看不见的手",实际上是存在许多假设条件才能正常运作的。而在外部性问题上,这只"看不见的手"往往无能为力,需要有"看得见的手"来加以调节。倘若市场通过有限次的博弈就能消除负外部性的话,则外部性问题就根本不会存在,这就如同一个人不能拽着自己的头发,把自己从地上提起来一样。

一、必要性

对于负外部性,必须对其加以调节,以减少它对于外部主体的损害,防止它对市场的资源配置作用导致扭曲。然而,对于正外部性,是不是也需要调节呢?

如果一个主体,持续不断地产生正外部性,却又不能因此而增进其利益,那么如果他符合经济理性人的假设,他应当会很快选择放弃这种做法,除非是有其他的制约条件,让他不能放弃,但也是并不情愿去做的。

从经济学上解读,就是让正外部性的产生者也获得一定的收益。哪怕这个收益与正外部性带来的效应并不相称,却比零收益要好得多,其足以让一个经济理性人选择继续提供正外部性,从而增加整个社会的效益。

正是基于这个原理,各国普遍都会对见义勇为、志愿服务、乐于助人、扶危济困等善行加以褒奖。类似地,对于那些保护自然环境、保护野生动物、支教扶贫等产生正外部性的良好行为,也应当予以适当的奖励与表彰,促使这些好事能够持续进行。

而对于负外部性的产生者而言,这种负外部性未必会增加他自己的收益、降低他自己的成本,也即俗话说的"损人不利己"。但是,在大多数情况下,一个经济理性的主体,在没有外部制约的前提下,很容易想到将自己的成本外化,也就是通过负外部性获益。

比如,某塑料厂正常生产时,每天会产生 5 吨的有害废水。如果通过净化设备,将其转化为对环境无害的废水再排放,则需要花费300元(包括废水净化设备的固定成本分摊和运行所需的费用)。然而,如果将其直接排放,则可能对环境造成污染,导致生态被破坏;同时,该工厂就不必承担这300元的成本。也就是说,该工厂将本来该它承担的污水处理成本转化成了负外部性,由附近的居民乃至整个社会承担。

同时,由于少了这300元的成本,该厂生产的塑料制品在定价上就可以相应地降低,从而在市场竞争中获得优势。最终的结果就是该厂从负外部性中获益,并让市场竞争变得无序化,调节资源分配的作用部分丧失,甚至导致"劣币驱逐良币"。以环境保护为例,我国政府分别出台了《中华人民共和国环境保护法》和《中华人民共和国环境保护税法》,分别从法律手段和经济手段同时纠正负外部性,不仅为了防止危害无辜,也为了纠正它对市场调节作用造成的扭曲。

二、外部性的基本逻辑

对于外部性的调节,一个可行的逻辑就是:让产生正外部性的人获益,让产生负外部性的人承担损失。具体而言,就是将负外部性带来的损害尽可能地量化,再将其纳入制造负外部性的主体的成本中,令其"买单",使其对负外部性"感同身受",从而尽力减少这种负外部性;并尽可能地用获得的利益,补偿那些因为负外部性而受损的主体,实现效率和公平的统一。经济学家罗纳德·哈里·科斯[1]提出了一个定理,他认为市场能够解决外部性问题,即科斯定理。科斯定理指出在某些条件下,经济的外部性或者说非效率可以通过当事人的谈判而得到纠正,从而达到社会效益最大化。然而实际上,这个定理根本就行不通,因为通过谈判来解决问题往往很费事。

首先,对于那些明显违反法律强制性规定的负外部性行为,行政处罚、民事诉讼和公益诉讼能在一定程度上使负外部性制造者注意自己应尽的义务。当然,这种处罚和索赔必须与负外部性的大小相适应,倘若负外部性很大而罚款、裁定的赔偿太少的话,从经济理性人的角度出发,依然没有降低负外部性的动力。比如,2019年10月,国家药品监督管理部门对涉嫌销售不合格疫苗的"长春生物"开出了91亿的天价罚单,就是要让违法者无利可图,甚至倾家荡产,才能让其他跃跃欲试的人打消这种念头。

其次,对于那些合法产生负外部性的行为,则通过税收加以调整。这一方法,正是由外部性问题的发现者庇古提出,所以也被称为"庇古税"。税收的本质,就是国家对经济活动中的各方无偿地征收实物或货币,以此来获取资金,支付公共事

---

[1] 罗纳德·哈里·科斯,新制度经济学的鼻祖,芝加哥经济学派代表人物之一。

务(国防、医疗、教育、公共安全等)所需的成本。而利用税收这个工具,还可以让外部性的制造者与外部性本身挂钩,从而起到对负外部性的调节作用。

比如,吸烟者购买、吸食香烟的行为,除了香烟的制造者、销售者之外,理论上和其他人并无关系。然而,长期吸烟会导致吸烟者自身的健康风险增大(比如罹患肺癌的概率增加),从而给医保带来额外的负担,二手烟也可能给其他人带来健康风险,这些都是负外部性的体现。因此,许多国家都对烟草额外征收一笔税收(烟草税),让吸烟者自己为这个负外部性承担损失。

类似地,近年来欧美国家都有人提出,对食品中的糖征收"糖税",理由是糖类的过量摄入会带来肥胖等健康风险,增大了医保的负担,从而损害了其他不那么喜欢吃糖的医保投保人的正当权益。当然,这一动议目前尚未真正得到执行,也许是因为糖在日常生活中也有太多"正当"的用途吧。

相反,对于正外部性行为,也可以通过税收优惠的政策加以补偿。比如,我国对于纯电动汽车,在车辆购置税上有优惠政策,一些地区在上牌照费用、停车位、单双号限行上也有各种不同程度的优惠,实质上都是庇古税原理的运用。

最后,在明晰产权的前提下,允许外部性的产生者与承受者之间协商,达成合理的费用补偿机制。比如,某地想要新建一所垃圾焚烧发电厂,并已经通过环境评价、安全评价,证明其运行不会损害附近居民的健康。然而,有一座垃圾发电厂做邻居,必然会对潜在的购房者带来负面的影响,从而导致当地居民的房产价值降低,产生了负外部性。因此,几乎各国都面临类似的窘境:所有人都赞同修建垃圾焚烧发电厂(否则无法解决垃圾太多无法处理的问题),却都反对将垃圾焚烧发电厂建在自己的小区隔壁。

而一个可行的解决方案,就是由垃圾焚烧发电厂的投资方与当地居民协商,补偿这种负外部性。比如,当地居民可以享受电费、水费、物业费的补贴,投资方还可以承诺对周边的公共道路、公共绿化进行免费维护,甚至免费提供供暖,从而让当地居民也能够有所收获,尽量抵偿负外部性。这样一来,投资方与当地居民就会达成谅解,让垃圾焚烧发电厂顺利兴建。类似地,专利制度本身就是利用产权来解决外部性问题的经典例证。一些新技术的发明,可以增进社会的生产效率,提高社会效益,产生了正外部性;而允许发明者通过专利制度,在一定期限内获取独家使用该技术,或将该技术有偿授权生产,就能让发明者获得一定的利益,补贴其因为发明而付出的成本,也可以说,奖励了他所产生的正外部性。

当然,在实际生活中,上述几种调整方法往往会混合使用,而且未必能够达到预期的效果。这主要取决于市场主体对外部性的认识,还取决于他们的议价能力和掌握信息的程度等因素。在一些比较极端的情况下,调整完全无效,甚至让负外部性变得更大。

3.2.4 排污权交易

外部性原理的一个表现,同时也是科斯定理的应用,就是排污权交易。

理论上说,每个生产者都应尽量减少向环境中排放污染物、废弃物。然而,为了实现这个目标,就必须要求使用更新的技术,花费更高的成本。实际上,"清洁生产"几乎都意味着额外的投入,直接导致成本飙升。在这种情况下,如果企业努力降低排污,则是给社会带来了正外部性。

从外部性的原理上说,倘若没有适当的外部措施,则正外部性的产生会逐渐衰减,负外部性的产生却会自发增强。对于正外部性,当然可以使用奖励、表彰等措施来激励,但最有效的激励措施,还是允许产生者"出售"这种正外部性,前提是管理机关能够预先划清正外部性的边界。

比如,假设灯影河沿岸有两家工厂 A 和 B 均向河水中直接排放废水。随即,环保部门做出规定,限定两家的年排污量都不得超过 50 吨。后来,A 工厂通过技术改造或产品升级,将每年的排污量从 100 吨减少到了 20 吨。而 B 工厂尽管已经花了很多钱,采取种种措施,排污量依然较大,每年的排污量依然在 70 吨左右,超过了环保部门做出的排污限额。

此刻,如果我们允许 A 工厂把自己减排而低于排放配额的量,也就是每年 30吨(50 − 20 = 30)的排污量拿来出售,卖给 B 工厂,则 A 公司就会因此而获得额外的经济收益,抵偿了它在技术改造上投入的成本,对于 A 工厂当然是一种鼓励。同时,B 工厂虽然付出了购买排污量"配额"的钱,却比进一步提高自己的技术要便宜,因而也是有利可图的。从整体上看,A、B 两工厂的总体排污量比交易之前有所下降,对环境也是有益的。

这种操作就完全是依靠市场行为这只"看不见的手"来解决外部性问题的,鼓励市场主体产生正外部性,并从这种正外部性中获得收益,效率比行政手段干预往往更高。当然,这里也会涉及一些伦理上的争议,比如"环保、减排是企业的义务,为什么还可以拿来牟利",那就不属于经济学范畴的问题了。

3.3 不 确 定 性

3.3.1 风险的概念

在经济学上,除了考虑成本的概念之外,还必然要涉及风险的概念。

具体而言,在经济活动中,一些事件并不一定会发生,而如果这些事件发生,又会给相关的主体带来收益降低、成本提高,甚至是某个经济活动彻底失败的可能,这种意外事件就称为风险。总之,"风险"就像是"风一样的危险",不知道什么时候就会来到,也很难彻底避免。

在计算某个经济活动的成本、机会成本时,如果能将风险因素也考虑在其中,就能更全面、更真实地反映实际的成本,从而让决策更加理性。

3.3.2 风险的成因

风险的成因有很多,但通常可以分为自然因素、技术固有缺陷、人为风险和法律政策风险、市场波动这几大类。

在人类的经济活动中,几乎每个行为都会受到自然因素的影响,而这种影响往往是难以抵挡的。比如,种植业遇到旱灾而歉收,航班遇到恶劣天气而取消,以及更大的自然灾害,诸如地震、海啸、飓风,都会或多或少地影响到经济活动的预期收益,都属于自然因素带来的风险。

技术固有缺陷方面,因为科学技术具有彼岸性,也就是说,人类可以通过努力,不断地逼近事物的本质规律,但却永远无法完全掌握这种本质规律。因此,任何技术都不可能做到完全不带有风险,只是尽可能地将风险降低到合理的水平。比如,关于目前广泛使用的脊髓灰质炎的疫苗,大概每 20 万名接种的儿童中,会有 1 ~ 2 个儿童因接种本身被感染,造成终身残疾。这种偶发性的事件,并不能归咎于任何人的过错,却是客观存在、不以人的意志为转移的。当然,随着新技术的出现,固有缺陷往往会得到一定程度的缓解,从而降低风险。

人为风险,从动机上可以分为过失和故意两种,从主体上则可以分为己方雇员、对方雇员和第三人导致三种。在整个经济活动中,在订购、运输、收货的每个过程中,每一个环节都可能因为人为因素而导致损失,如交货延误、货物错漏、对方违约、第三人破坏等。

法律政策风险,则往往体现在大宗交易上。比如,各国都有权决定自己的关税税则,而这种调整事先并不需要先征求相关各方的意见,一旦公布关税调整就会在很短的时间内生效,使交易价格受到巨大的影响。

又如,对来自特定地区的某类产品实施限制进出口措施,对某一类产品禁止销售(如禁止婴儿用品中使用含有双酚 A 的塑料),将某个软件服务下架处理,对某个城市的房屋进行限购、限售措施,等等。这类风险,当然也是普通人无法预测、无法控制的,但是在现代社会中,政府的行为除了合法之外,还必须做到合情合理,让市场主体能够有清晰的预期。

3.3.3 风险的对价

既然风险不可能完全避免,一个合理的想法,就是将这种风险本身作为一种商品出售。确切地说,是将"风险"可能造成的损失,预先分散开来,以较小的、确定的损失来换取对较大的、不确定的损失的补偿。这就是保险制度的原理。第 2 篇将重点讨论保险,特别是社会保险的内涵、逻辑和运行规则。

3.3.4　代理人问题

现代的经济活动已经变得高度复杂,无论是时间还是空间跨度都非常大,同时体量也变得越来越大,几乎不可能单枪匹马地完成某个交易活动。因此,代理人就是一个必然的选择。

这里所说的代理人,并不是法律意义上的严格的代理,而是泛指受他人委托、执行他人的意志,并因此而获得报酬的行为。比如,在一个公司中,业务员当然是代理人,总经理也是代理人,维修工、会计、检验员同样是代理人,他们都是在为"公司"这个法人服务,并因为服务而领取工资。同样,患者找医生为自己看病,本质上也是临时聘用医生作为自己健康的管理者、治病的代理人;家长把孩子送到学校,实际上也是请老师作为代理人来教育自己的孩子。

对于代理人的管理而言,最难的问题不是如何激励其工作热情,而是如何防止他把自己的利益放在公司(或其他单位)利益之上,从而做出损害公司利益的事情。比如,倘若我们把销售金额作为考核指标,就可能会有代理人使用不道德甚至违法的手段(商业贿赂、串通投标等)来扩大销量,或者是用不合理的低价竞争而不顾公司利润;如果我们用年利润率作为考核指标,在技术升级、开拓市场上,代理人则会过分谨慎,避免稀释利润,但同时也会损害公司的长远发展;如果用公司股价作为考核指标(事实上,许多上市公司真的就是这么核定公司高管的薪酬的),则公司管理层就更倾向于通过不必要的资产重组、炒作概念等手段使公司股价在短时间内虚假升高……

更重要的是,在代理人和被代理人之间非常容易存在信息不对称的问题。在经济活动中,每个分支细节都会有不同的人在处理;而一些具体事务,又需要有极强的专业知识和技能(如医生、律师、教师等),被代理人即便有心、有时间去过问相关事务,也会因为缺乏专业知识而不得其法——世界上的每个人,知识范围都是有限的,不可能通晓所有门类、所有岗位的全部知识。

总之,如果我们承认经济学理性人的假设,就不得不承认代理人和被代理人之间的利益并不总是一致的。特别是在较长的时间跨度上,考虑到代理人往往都有任期限制,其行为短期化的趋势往往是难以抵挡的诱惑。而要解决这个问题,经济学上提供了一个可能的方向:让代理人与被代理人之间保持较长时间的利益一致性。比如,将公司高管的考核期限从当年展延到三年,让公司重要职工持有股份,都是这种思路的产物。当然,引入外部力量进行监督,也是一个可行的办法。

第4章 公共品问题

4.1 公 共 品

公共品的全称为公共物品或服务。它既不具备排他性,也不具备竞争性。也就是说,你不能阻止其他人使用公共品,你使用某公共品时并不会减少其他人使用该公共品的能力。

公共品可以细分为:

(1)纯公共品:具有完全的非排他性和非竞争性,如国防、基础研究(一般性的知识)、反贫困都是典型的公共物品,通常都是无偿免费提供的。

(2)准公共品:具有有限的非竞争性和局部的排他性,即超过一定的临界点,非竞争性和非排他性就会消失。比如免费的森林公园,你可以去那跑步或者搭帐篷,但你不能排除其他人在公园游玩(不具备排他性),而且你的使用也不会减少他人的使用(不具备竞争性)。但是,若在节假日期间,很多人都会选择去森林公园游玩,游玩人数剧增。若游玩人数超过了临界点,那么就会出现拥挤现象,这时公园这个准公共品的性质就会发生改变,会变得具有竞争性。

比如马路上的路灯。路灯既不具备排他性(不能排除其他人使用路灯),也不具备竞争性(一个人的使用并不会减少其他人的使用)。很少有人愿意自掏腰包去安装大马路上的路灯,那么,为什么大家明明知道路灯有用就是没人愿意去安装呢?因为人们知道一旦安装了路灯,自己就会受益,但是自己并不能排除其他人去享用路灯带给他们的好处。如果所有的居民都这样搭便车,没有人愿意付出,路灯是不会被安装的。所谓搭便车是指得到一种物品的利益但避免为此付费的现象。就是因为搭便车的存在,所以公共品是不可能由私营部门通过市场提供的,这时候政府必须发挥作用,行使政府的职能。所以,公共品必须由公共部门以非市场方式提供。所以,正如马克思所说的那样,"自然害怕真空,就像资本害怕没有利润一样",公共品必须由公共部门以非市场方式提供,也就是说,只有政府才能做这种"赔本的事情"。这种情况下,政府成了这种公共品唯一的供应商,垄断了供给,一种最可行的供给方式。

4.1.1 公共品的供给调节

公共品的本质依然是商品或服务,同样存在着供给和需求的问题,当然也就可能出现两者不一致、不匹配的问题。正如前文所述,当供给和需求不一致时,会存在资源的使用效率下降的问题;而当供给被垄断时,市场失灵,这种下降就更容易发生。

因此,对于公共品的供给,当然也必须按照社会的需求,随时加以调节,包括公共品的组成结构和供应数量、供应方式等。

回头看看社会保险制度及社保体系中的医疗保险,不难发现,这种保险因为具备一定的普惠性,不以营利为目标,实际上也具备了准公共品的性质。因此,它同样必须由政府来提供,至少是由政府来主导,正如后续章节将要论述的那样(参见本书5.2节)。所以,社保和医保本身,也是需要按照经济社会发展的实际情况加以调节的。

这种不平衡、不匹配既体现为地区之间的医保报销标准不统一,又体现为一些重症急需的治疗药品未纳入医保范围,从而使老百姓对于养老、看病等问题依然存在较大的焦虑。而这些发展中出现的问题,又都只能在发展过程中统筹解决。

新闻链接:

2018 年,在中国共产党第十九次全国代表大会报告上,习近平同志指出:"必须清醒看到,我们的工作还存在许多不足,也面临不少困难和挑战。"主要是:发展不平衡不充分的一些突出问题尚未解决,发展质量和效益还不高,创新能力不够强,实体经济水平有待提高,生态环境保护任重道远;民生领域还有不少短板,脱贫攻坚任务艰巨,城乡区域发展和收入分配差距依然较大,群众在就业、教育、医疗、居住、养老等方面面临不少难题;社会文明水平尚需提高;社会矛盾和问题交织叠加,全面依法治国任务依然繁重,国家治理体系和治理能力有待加强;意识形态领域斗争依然复杂,国家安全面临新情况;一些改革部署和重大政策措施需要进一步落实;党的建设方面还存在不少薄弱环节。

政府在干预经济时,必须遵循经济规律,不能忽略收益和成本,所以政府在行使主要职能时必须进行成本收益分析,站在社会整体的角度,对项目的总成本和收益进行评估。在全面评估利弊得失之后,投入对社会有益的公共品建设,从而使每个人的状况变好。

又如雾霾问题。随着气候的变化,全世界都面临着环境保护的大问题,这需要各国集体行动才能得以解决。假设某个国家的一家企业排放温室气体,如果该国政府限制该企业的排放量,那么企业利润就会减少。如果企业利益受损,那么就会削弱该国经济的整体走势;如果对温室气体的排放量没有任何限制,那么无论是哪个国家的企业都不会考虑温室气体排放对其他国家甚至对全球环境的影响。

既然人们可以随意利用他人的努力而无须对环境保护做出贡献,那为什么非得进行环境保护呢?原因是如果气候变化问题严重,不仅对人类身体健康有害无益,更重要的是,未来整治环境的成本远比现在行动要大得多。所以,各国政府纷纷出台法律法规或者相关政策来减少企业排污,保护环境。

其中一种解决办法是设定企业污染配额,也就是说政府规定允许企业排污的范围,若企业排污量超过配额就会遭到处罚(如罚款)。尽管这些配额很难执行,这确实是政府经常使用的方法之一。

另一种是征收污染税,促使环境外部成本内生化,这一举措可以轻松地让企业最大限度地减少污染排放。2018 年 1 月 1 日起我国开征环保税,也称"绿色税制",实现了由"费"改"税"的转变,按照税负平移的原则,实现排污费制度向环保税制度的平稳转移,在加大税收征管力度的同时,用多污染多交税的政策来遏制企业的排污力度。使得高污染、高能耗的产业转型升级,推动了经济结构调整和发展方式的转变。

4.2　市　场　失　灵

从市场角度分析,市场本身有时不能够产生有效的资源配置,经济学家将这种情形称为市场失灵。从字面意思去理解,所谓失灵就是不起作用了,也就是市场达不到预期的效果,无法有效地分配资源,或者说,在经济活动中,资源配置的效率显著降低。

4.2.1　市场失灵的常见原因

一、原因 1:外部性

外部性是指某个人或者某个企业的行为对其他人或者其他企业的福利造成了影响,把额外的成本负担或者额外的效益强加给了其他人。比如那些住在机场附近的居民,他们常常会被飞机起降所产生的噪声弄得苦不堪言,但是航空公司一般不会因为干扰了机场附近的居民而向他们进行赔偿。

二、原因 2:市场势力

市场势力是指某个人或某个企业(或者某些人或某些企业)具有很大的影响甚至操控市场价格的能力。这是一种比较常见的现象。例如,电影《我不是药神》中的格列代理药物公司在垄断市场中独霸一方,就此一家别无分店。所以,即便价格贵得离谱,病人也只能无可奈何选择购买,否则就得坐以待毙。因为市场势力会使价格和数量背离供求平衡,从而使市场不能有效配置资源,导致市场配置资源无效率。

4.2.2　市场失灵的对策

新闻链接：

2017 年 6 月 27 日，欧盟委员会宣布，由于谷歌在搜索结果中偏袒自家服务 Google Shopping，妨碍了其他电子商务企业的正当竞争，遂决定对谷歌处以 24.2 亿欧元(约合 27 亿美元)的罚款。2018 年 7 月 18 日，欧盟竞争委员会宣布，谷歌利用其安卓系统的普及率扭曲了竞争环境，伤害了欧盟消费者的合法利益，因此对谷歌处以 43 亿欧元的罚款。这笔天价罚款，相当于微软的母公司 Alphabet 两个月的毛利润，也创造了欧盟反垄断罚单的最新纪录。

在现实生活中，市场失灵是一类很常见的现象，它是指某些市场即便是没有政府管制但也无法实现资源的有效配置。经济学家认为导致市场失灵的原因除了市场势力和外部性这两个因素以外，公共品和不完全信息等因素也会造成市场失灵。在出现市场失灵时，常常需要政府进行干预，通过公共政策或法律法规来解决问题并增加经济福利，也就是恢复市场对资源配置的主导作用。

从政府角度分析，由于存在外部性或市场势力，也就是市场由于自身原因出现失灵，所以我们需要政府设计良好的公共政策，从而提高经济效率。政府这只"有形的手"，有时需要一系列政策或一些经济手段去干预经济、改变原本可自行选择的资源配置。从包罗万象的政府职能中，政府对于市场经济主要行使以下职能：

(1)提高效率，即通过解决市场势力、控制诸如污染这类外部性问题解决市场失灵问题，从而达到提高经济效率的目的。

(2)促进平等，即通过财政税收等手段将收入进行再分配从而增进公平，包括对小、微企业予以税收优惠，对于一些创设企业在贷款上予以利率优惠，或在土地供应、房租减免上提供优惠，提高其生存能力。

(3)促进宏观经济的稳定与增长，灵活运用财政政策和货币政策，在鼓励经济增长的同时减少失业、降低通货膨胀以促进宏观经济的稳定和增长。政府宏观调控着重以整体社会的经济运作，通过人为调节供给与需求使得经济健康平稳发展，这也是宏观经济学的核心内容。

(4)采用反垄断法、反不正当竞争法等司法手段，限制或阻止操纵市场行为的出现。

市场势力和外部性都是市场失灵的典型例子，这里所得出的所有结论的前提都不存在市场失灵的情况。当某个企业，滥用自己的市场支配地位，损害到市场正当的竞争秩序时，法律就会予以处置。

尽管存在着市场失灵的可能性，但是我们必须学会福利经济学以及对市场效率的分析方法,灵活应用市场效率的结论来研究经济问题,深入剖析各种政府政策对经济所产生的影响。

4.2.3 药品供应中的市场失灵

此外,在药品供应之中,还存在一种很特殊的市场失灵现象:因药品卖给医疗机构的价格,往往是事先通过招标而确定的,一旦遇到药物生产的原料价格大幅度波动时,就可能出现"面粉比面包贵"的现象,也就是药品的出厂价格超过了跟医疗机构供货的价格。在这种情况下,厂家可能就会降低药品的产量,导致市场上出现特定药品的供应短缺现象。然而,由于药品生产是严格管制的领域,其他药品生产企业即便觉得该品种有利可图,也很难在短时间内获得生产许可,市场的自发调节机制在此就可能失效。

新闻链接:

2018 年 8 月 30 日,辽宁省卫生和计划生育委员会药品器械处发出《关于对 8 月份医疗卫生机构上报未按规定供应配送药品进行调查的通知》,要求其管辖范围内的医疗机构汇总没有按照合同及时供应药品的信息。在这背后,则是 22 个药品出现了供应短缺的风险,如戊酸雌二醇片/雌二醇环丙孕酮片等。实际上,从 2017 年 4 季度开始,国内就出现了多个品种的原料药价格上涨,如马来酸氯苯那敏(扑尔敏)从 300 元/公斤,直接上涨到 1.5 万元/公斤,上升了 50 倍之多,以其为主要成分之一的各种感冒药,生产成本当然也水涨船高,药店零售价格随之上涨;但制药企业向医院供应药品,执行的是年初谈判确定的价格,故出现了"批零倒挂"的状况。

这种现象,直接影响到了公众的用药安全,特别是一些急救药品、防疫药品、手术配套使用的药品。因此,我国建立了药品储备制度,设立中央和地方两级的药品储存仓库,按照"动态储备、有偿使用"的原则,对基本药物目录上的药物、防疫防灾药物,实行一定规模的储存,并定期进行轮换,确保紧急情况下,不会因为市场波动而影响公众的用药供应。

法律链接:

《中华人民共和国药品管理法》

第四十三条 国家实行药品储备制度。

国内发生重大灾情、疫情及其他突发事件时,国务院规定的部门可以紧急调用企业药品。

第四十四条 对国内供应不足的药品,国务院有权限制或者禁止出口。

4.3　政　府　失　灵

反对行政性垄断之所以是世界性的共同话题,其原因在于现代国家职能转变过程中出现的"政府失灵"现象。也就是说,虽然在市场失灵时,市场经济无法自我调节实现资源的最有效配置,政府可以通过相关政策和措施成为干预和调节经济的力量。但是,随着政府职能的全面转变,也会造成另外一个后果——直接导致行政权力有机会进入市场,从而出现政府不当干预经济的现象。

与市场失灵的后果一样,政府失灵一样严重影响市场的竞争秩序,甚至会产生更为严重的后果。所以,政府机关、国有企业以及各种授权承担管理职能的公共组织就应当顺理成章地成为竞争法的调整对象。一旦政府的公权力普遍且深度介入市场时,政府(或其授权的组织)就有足够的能力去夸大和促进与它有着利益关系的经济单位的发展。这就潜在地存在着严重扰乱经济生活和扭曲资源配置的可能性,造成市场经济的效率降低。所以,关键问题是如何有效地规制行政性垄断? 唯一的做法无疑是依法治国。通过法律法规,在政府干预和市场运行之间砌起一道防火墙;同时,减少事前审批、加强事中监管,把市场调节能够解决的问题留给市场。

新闻链接:

《中共中央关于深化党和国家机构改革的决定》(2018 年 2 月 28 日,中国共产党第十九届中央委员会第三次全体会议通过)

……深入推进简政放权。减少微观管理事务和具体审批事项,最大限度减少政府对市场资源的直接配置,最大限度减少政府对市场活动的直接干预,提高资源配置效率和公平性,激发各类市场主体活力。清理和规范各类行政许可、资质资格、中介服务等管理事项,加快要素价格市场化改革,放宽服务业准入限制,优化政务服务,完善办事流程,规范行政裁量权,大幅降低制度性交易成本,鼓励更多社会主体投身创新创业。全面实施市场准入负面清单制度,保障各类市场主体机会平等、权利平等、规则平等,营造良好营商环境。

我国已把行政性垄断纳入《中华人民共和国反垄断法》的规制范围,其根本原因也正是在经济转型背景下,把这种公权与私权结合的垄断方式规定进去,直接明确行政主体滥用公权力限制市场竞争,确定其限制竞争性质的违法性,是政府干预经济造成的行政行为经济化对法制的客观需求,是一种明智和正确的选择,也是具有划时代意义的必然选择。而中国共产党第十八次全国代表大会以来,简政放权成为我国政府机构改革的重要方向,并且在这方面迈出了坚实的一步。

4.4　福利经济

4.4.1　福利经济的定义及缺陷

福利经济学由英国经济学家霍布斯和庇古于 20 世纪 20 年代创立,是主要研究社会经济福利的一种经济学理论体系,系统分析了资源配置是如何影响经济状况的。

福利经济学研究的主要内容包括社会经济运行的目标,或称检验社会经济行为好坏的标准;实现社会经济运行目标所需的生产、交换、分配的一般最适度的条件及其政策建议等。

市场主体是买方、卖方和政府,为了便于分析理解,依照由简入繁的顺序,经济学家假设这时的市场主体只有买方和卖方,暂时将政府去除掉。仅从买者和卖者的角度来分析他们各自分别从市场中所获得的利益,并研究社会如何才能实现买卖双方得到的总利益最大化,从而获知整体经济的福利情况。

一、消费者剩余

消费者剩余是指一种物品的总效用与其总市场价值之间的差额,也是对市场结果的合意性的评价。简单地说,消费者剩余是指买者对某商品意愿支付的钱数(支付意愿)减去他实际支付的钱数(实际价格)。为什么会产生剩余呢? 那是因为实际支出超过了支付意愿,所谓支付意愿即表示每个潜在的买者愿意支付的最高价格,也就是说支付意愿衡量的是消费者对商品的评价。

消费者剩余计算公式为

消费者剩余 = 支付愿意 – 实际价格

结果:

(1)当支付意愿大于实际价格时,消费者并不会选择购买商品;

(2)当支付意愿等于实际价格时,商品价格与消费者对商品的评价是相同的,那么买与不买都无所谓,任何一种选择带来的满足感是相同的;

(3)当支付意愿小于实际价格时,消费者会选择购买商品。

那么,价格变化是如何影响消费者剩余的呢?

假设商品价格下降,按照供求规律,需求上升,因为价格低于支付意愿,所以消费者剩余是增加的。所增加的部分即揭示了消费者剩余增加的两个来源:原有的消费者因商品价格下降而获得的额外利益和新增加的消费群体所获得的消费者剩余。

所以,当商品价格下降时,消费者剩余增加;当商品价格上升时,消费者剩余减少。这个道理很好理解,作为消费者,我们往往希望商品越便宜越好,这样我们就能花更少的钱买到我们满意的商品了。在大多数市场中,消费者剩余的确能反映消费者的经济福利。因为经济学家通常假设人们在决策时都是理性的,在机会既定的情形下,他们会尽力实现自己的目标。

二、生产者剩余

生产者剩余是指由生产要素和产品的最低供给价格与当前市场价格之间的差异,给生产者所带来的额外收益也就是卖家在出售某种物品或者提供某种服务时所得到的价格与卖家最低能接受的价格之间的剩余。

生产者剩余计算公式为

生产者剩余 = 商品的实际价格 – 生产该商品的成本

在忽略沉淀成本问题的前提下,按照理性人假设,只有当市场价格高于生产成本时生产者才会进行销售。那么,当市场价格低于生产成本时,卖家是不会愿意卖出商品的。若商品价格上升,生产者剩余增加,所增加的部分即揭示了生产者剩余增加的两个来源:原有的生产者因为商品价格上升而获得的额外利益和新增加的生产者所获得的生产者剩余。

所以,当商品价格上升时,生产者剩余增加,当商品价格下降时,生产者剩余减少。这个道理也同样非常容易理解,市场价格与商品成本之间的差额越大,对于生产者而言,利润空间就越大,带给他的收益自然就越多,反之亦然。

三、总剩余

消费者剩余和生产者剩余,是经济学家研究市场中买方和卖方福利的两个基本工具,两者之和称为总剩余,用来分析整体经济的福利情况。

总剩余 = 支付意愿 – 生产成本

当商品价格上升时,消费者剩余下降,但生产者剩余上升;当商品价格下降时,消费者剩余上升,但生产者剩余下降。说明消费者剩余与生产者剩余是反向变动的,即两者此消彼长。若想实现市场效率,即社会所有成员的总剩余最大化,我们就需要在消费者剩余与生产者剩余之间找到一个平衡点。

那么,如何进行资源配置呢?是让买卖双方自行达到市场均衡(无形的手),还是干预市场结果从而增加经济福利(有形的手)?对于这些问题,我们通过市场均衡时的消费者剩余和生产者剩余来进行分析。

市场均衡是一种供求平衡的市场状态。在其他因素都给定不变的条件下,买卖双方都不愿意再改变市场的价格和买卖数量,在均衡价格水平上,消费者愿意购买的数量与生产者愿意供给的数量相等(均衡数量)。

如果某个配置是缺乏效率的,那么买卖双方通过交易而得到的利益并未全部实现。

从买方角度分析,出价最高的买家应该最先获得商品。若该商品不是由对它们评价最高的买家购得,那么资源配置就是缺乏效率的。在这种情形下,将商品从对商品评价较低的买家向对商品评价较高的买家进行转移,就能增加总剩余。

从卖方角度分析,成本最低的卖家应该最先卖出商品。若商品不是由成本最低的卖家生产,那么资源配置就是缺乏效率的。同样的逻辑,如果将商品的生产任务由高成本的生产者转移给低成本的生产者,就能降低卖家的总成本,从而增加总剩余。

当市场上商品数量少于均衡数量时,买家的支付意愿支出大于卖家的成本,由总剩余的公式可知,此时多卖出一单位商品,社会总剩余就会增加,所以市场上的商品数量会增加直至达到均衡数量为止。相反,当市场上商品数量多于均衡数量时,买家的支付意愿支出小于卖者的成本,此时多卖出一单位商品,社会总剩余就会减少。因此,为了使社会福利最大化,市场中的商品数量会减少直至达到均衡数量为止。

供求关系可以有效地配置资源,亚当·斯密所说的市场这只"看不见的手"能考虑到市场中每个买家和卖家的信息,虽然市场中的每个买家和卖家仅关心自己的福利,但是他们共同被一只看不见的手指引着向着最好的市场结果运动,自由市场上决定的均衡数量使得买卖双方的总利益最大,即达到了社会福利的最大化水平。

然而,"市场均衡是有效率的"这个结论是否成立必须基于以下假设,倘若这些假设条件不成立时,这个结论也就可能不再成立了。

(1)假设一:市场是完全竞争的。若市场达不到完全竞争,即不是自由市场时,市场势力就会影响市场价格和交易数量,从而偏离了均衡价格和均衡数量。

(2)假设二:市场结果只与市场中的买家和卖家有关,不存在任何第三方对市场的影响。而现实生活中,由于外部性的存在,使得市场福利除了取决于买家与卖家之外,还取决于第三方造成的成本。在衡量社会福利时,若不考虑外部性的作用,那么即使此时已达到了市场均衡,那也是失效的。

4.4.2 帕累托改进

帕累托改进也称为帕累托改善或帕累托优化,以意大利经济学家帕累托而命名。

基于帕累托最优变化,在没有使任何人境况变坏的前提下,使得至少一个人变得更好。一方面,帕累托最优是指没有进行帕累托改进余地的状态;另一方面,帕累托改进是达到帕累托最优的路径和方法。帕累托最优是公平与效率的理性状态。

一般来说,达到帕累托最优时,会同时满足以下三个条件:

(1)交换最优:即使再交易,个人也不能从中得到更大的利益。此时对任意两个消费者,任意两种商品的边际替代率是相同的,且两个消费者的效用同时得到最大化。

(2)生产最优:这个经济体必须在自己的生产可能性边界上。此时对任意两个生产不同产品的生产者,需要投入的两种生产要素的边际技术替代率是相同的,且两个生产者的产量同时得到最大化。

(3)产品混合最优:经济体产出产品的组合必须反映消费者的偏好。此时任意两种商品之间的边际替代率必须与任何生产者在这两种商品之间的边际产品转换率相同。

同时,必须强调的是,帕累托最优往往只存在于理论之中。现实生活中,参与经济活动的各方往往处于彼此博弈的状态,要想不损害任何一方的既得利益,却同时又提高其他至少一方的利益,难度是非常之大的。在社保体系中的医疗保险中,这一矛盾就更为突出。本书第 2 篇将深入剖析这种博弈的实际状况,如果没有外部资源的注入,是几乎不可能实现帕累托最优的。

此外,尽管从经济学上看,帕累托改进是效率最高的一种方式,但对于社会的整体进步而言,促进作用则并不一定是最大的。比如,在社保、医保体系中,逻辑反而是"让肩膀更厚的人扛更重的东西",以此来尽可能地弥合收入上的差异,实现共同富裕和社会和谐。

第 2 篇　社保问题的经济学解读

第5章　社会保险的经济学本质

5.1　保险的本质

5.1.1　保险的起源

如今,对于现代社会的成员来说,保险已经是一件非常熟悉的东西了。不用说,每个人的朋友圈里都会有几个推销保险的微商;买来的家用电器包装盒上,也往往会写一句"本电器已由××保险承保产品质量险";汽车上路必须购买强险;而每个人都必然要面对的,就是社会保险,包括养老保险和医疗保险。可以说,如果没有保险制度,就没有现代社会的生活。

然而,保险并不是人类社会诞生之初就存在的。事实上,在人类漫长的历史中,"保险"二字出现得非常之晚。通常认为,"保险"是到了大航海时代方才出现的。

所谓的大航海时代,是在"地理大发现"之后,在欧洲突然兴起的一股航海热。一艘艘的帆船,运载着大量的货物跨越浩瀚的大洋,从一个大洲送到另一个大洲,从而赚取其中的差价。也就是说,这是一个利润巨大的买卖,欧洲的廉价工业品运到美洲就能卖出天价,而亚洲的香料则在欧洲市场价同黄金。

然而,随之而来的,是航海中的巨大风险。即便在造船技术、航海技术高度发达的今天,海运都依然存在许多的不确定性。当海员们的亲属在码头上挥动头巾告别时,她们的心情实际上和葬礼上的告别差不多:一次跨洲的航程可能需要几个月甚至一两年的时间,而这艘木头制成的帆船可能会遇到迷航、飓风、暴雨、暗礁、海盗、火灾、食物变质……这些情况都可能让整个航行变成不归之路。此外,在漫长而枯燥的航程中,淡水和干粮的储备都是很有限的,艰苦的生活完全可能导致船员哗变,迫使船长改变航线,连船带货,跑到了一个异国的港口后消失。

对于船上货物的主人、货船的船东,或者说航行的投资人而言,他们因此就要面临一场豪赌:如果这艘船能够顺利抵达目的地,能够将货物顺利卖掉,并能顺利地把货款带回,最好还能捎上当地的一些特产,那这次航海就会让他们赚得盆满钵溢;相反,只要上述任何一个倒霉的情况发生,货主和船东就会血本无归,前期的投入全部归零(这也就是我们第 1 篇中提到的"沉没成本"一词的最早由来),极可能因此而资不抵债,宣告破产。而在当时的技术条件下,第二种情况发生的可能性并不算低,大致也就比真正的轮盘赌好一些而已。

对于资本而言,冒险是不可避免的事情,但任何资本都不喜欢这种无限的风险。正如人类发明了"有限责任公司"一样,资本迫切需要一种工具,能够将每个投资者的风险尽可能地降低;或者至少能够把风险控制到一个能够承受的地步,不至于因为一个不确定的投资就沦落到家破人亡的地步,否则,资本都会畏首畏尾,严重影响投资积极性和行业的发展。

而解决之道,恰好也来自海运中的一个发明:共同海损。

在大航海时代,几乎没有人能够独自包下一条货轮的全部舱位。实际上,每条船上装载的货物往往来自多位货主,因为只有货物的总质量凑满了,这艘船才会出海,把航海的费用平摊到每一吨货物之中,从而降低运输单价。

如果这艘船在海上遇到风暴,一个常用的自救措施就是抛掉部分货物,减轻船的总质量,从而获得更大的浮力储备,避免船只沉没。很显然,如果不这么做,整条船都会沉没,所有的货物都会沉入大海,船上的海员也将性命不保,对谁都没有好处。所以,抛掉部分甚至全部货物,是一个行之有效的措施,也能得到货主们的理解。

然而,如果是全部货物都抛掉了,问题还比较简单;如果只是抛掉了一部分货物,其他货物完好无损的话,就会出现一个问题:甲的货物被抛入了大海,承受了巨大的经济损失;乙、丙和丁的货物因此而得以保全,没有受到任何不利影响,这是不是对甲太不公平了? 换句话说,遇到风暴时,谁的货物该被抛掉,就成了一个摆在船长面前的难题,因为谁都不愿意自己倒霉、成全别人,凭什么就有人注定该倒霉呢?

于是,在西班牙、英国等早期的航海大国,渐渐就自发地产生了一种约定的原则:当一艘船遇到风暴、火灾或其他危险,不得不抛弃部分货物才能保全船只时,船长有权决定抛弃哪些货物;而当该船最终平安回港之后,这部分货物的损失(通常是原价值上打个折扣),由船上所有的货主,按照各自货物质量的比例,共同分摊。这就是所谓的"共同海损"规则。

这个规则背后的逻辑,依然是我们熟悉的"权利和义务一致"的古老原则。对于这些货主而言,他们在认可该规则之后就获得了一个保障:如果航海过程中遇到麻烦,不得不牺牲他们托运的货物时,其损失会由其他人来分担,受到的实际损害很有限;当然,如果是其他人遇到了类似的麻烦,他们也不得不付出一部分较小的金额。这种做法,很像是曾经流行的"互助会",也和中世纪骑士们的口号"人人为我,我为人人"一脉相承。

而从经济学的角度来看,剥掉那些兄弟情义的温情面纱,共同海损规则的本质可以用一句话概括:

规则的参与者都付出了一个较小的、确定的损失,换来一个免受较大的、不确定的损失的安全保障。

回到最初的问题上来,如果我们将共同海损规则的范围再扩大一些,拓展到某一个港口甚至某一个国家,在一定时间段(比如 1 年)内所有的货运船只,不就能解决航海"收益丰厚,风险极大"的问题了?

于是,大致在 1347 年,在热那亚一次远航运输中,人类历史上第一张海运保险的保单就诞生了:一名商人预先将一小袋金币交给一位放贷人,并约定如果该船顺利到岸,则这一袋金币归放贷人所有,无须返还;但如果船货俱损,则该放贷人承担船只和货物的全部赔偿责任。这就是现代保险的基本模式:投保人支付一笔保险费(通常数额不会很大),保险公司则在约定的事故发生时,向投保人赔付一笔保险金(通常,金额会远远超过保险费),双方达成的这种契约,就是如今我们常说的保险合同。

当然,这里面还有一个小插曲:当时的欧洲教会普遍认为,风暴是上帝的天谴,因而这种保险就是在对抗上帝的意志,纷纷加以反对。然而,资本的力量显然要强大得多,航海保险迅速在各个航海大国推广开来。

5.1.2　保险的发展

在此之后,资本主义也随着工业革命的号角而蓬勃发展起来,各种新型的工场如雨后春笋一般生长出来,而对劳动力的需求,使得城市吸纳的人口也发生了井喷式的增加,一些大型城市在几年时间里就扩大了好几倍。

然而,繁荣的表象之下,是随之而来的一系列问题,或者说是"大城市病"。即便在今天,人类依然要面临这些问题:城市中的公共卫生、消防安全、交通安全等。而在工业革命时期,人类的科技还不够发达,对这些灾害的发生规律也知之甚少,因而防御能力要比今天薄弱得多。

比如,贫民窟里某个不慎打翻的油灯,就可能酿成一场大火,将几栋房屋化成瓦砾;一盘流动摊贩兜售的熏肉,也可能让某位德高望重的老板上吐下泻,甚至一命呜呼;几个在夜色掩护下打家劫舍、流窜作案的宵小之徒,也可能让一个殷实之家在一夜之间家徒四壁;更不用说,那些乱七八糟的疾病,随时可能让某个活蹦乱跳的小伙子突然病倒……一句话,这些大城市中的居民,每天要面对的各种风险,加起来也并不比在大海上漂泊的海员好多少,"居不易"的问题是市民们心头的隐痛,更是制约大城市发展的一个个桎梏。

而解决方案,无非是两个:降低各种意外事故、灾难的发生概率;将事故、灾难带来的损失风险分散开来。

针对第一个解决方案,各种职业化的防范队伍就出现了,比如诞生在泰晤士河上、伦敦大都会里的巡警,就是现代警察制度的发轫;类似地,房屋消防检查员、建筑师公会甚至面包师公会,都在不同程度上承担了城市管理的职能,降低了许多不合理的风险,也为后续保险制度的出现提供了物质基础(因为如果某个意外事故发生的概率太大,就没有人愿意为此而提供保险服务了)。

而针对第二个解决方案,办法就是借鉴"共同海损"和"航海保险"的原则,将承保范围由海洋转向陆地,对于火灾、被盗、生病等意外事故,同样提供保险业务,也就是我们熟悉的火灾意外险、家庭财产险、意外伤害险和人身健康险了。

至此,现代保险制度的框架已经基本完成。1911年,英国议会通过法案,准许劳合社(Lloyd's,是在英国伦敦成立的一个保险人的合作联盟)将其业务范围,从单纯的海运保险扩展到包括财产保险、人身保险的所有业务,标志着现代保险业正式走上了历史的舞台。

5.1.3 保险的平衡公式

从经济学的角度来看,保险到底是什么东西呢?

一句话概括,保险就是将某种特定的风险分散开来,由多个投保人共同分摊的商业规则。

所谓风险,有人戏称为"风一样的危险",意思就是它具有极大的不确定性,既无法预见,也很难避免。也就是说,某一个特定的房子是不是会在明年内遭受火灾,某一个健康的人会不会在明年染上重病,某一辆车会不会在明年发生交通事故,对于这些我们很难准确预测,危险就像是风一样捉摸不定。

然而,如果把这个问题扩大来看,答案却是相对确定的。比如,某个城市里,过去几年中,有多少栋房屋出现火灾,多少人染上重病(当然,这里的讲法比较含糊,确切说应该细化到具体的疾病种类),多少人死于交通事故,都是从历史的数据中能够找到的。在假设基本条件没有明显变化的前提下,从这些统计数据中,就不难推测出未来的相应数据,或者说,未来某个事件,在某个较大范围内发生的可能性。

然后,保险就可以派上用场了。假设我们已经知道,根据消防队的记录,在某个特定的年份里,在金宁市(这是一个虚构出来的城市),平均每一千座房子中,会有1座遭遇火灾;金宁市居民中,每1 000人里,有18人死于交通肇事,有9人死于重病。然后,保险公司就可以据此开出条件,任由金宁市的居民购买了。

比如,当某人购买房屋火灾保险时,他只需要每年付出20元钱;一旦他的房子发生火灾,保险公司赔付他保险金2万元,足以抵偿他重新修一座房子的花费。

当然,保险公司不会用自己的钱来做善事,这 2 万元保险金,实际上是从所有的投保人缴纳的保险费中支出的。通过这种保险协议,投保人的风险被大大降低了,只需要承受一个很微小的、确定的损失(每年 20 元的保费),就能抵消房屋损毁的巨大风险(重建需要的 2 万元花费),看起来是一件双赢的事情。

这里有个隐藏的问题:如果那一年内,失火的房屋很多,比如说 15 家,一共需要赔偿保险金 30 万元;而所有投保人缴纳的总保险费只有 25 万元,不够赔付,保险公司岂不是就要赔钱了?

这时,刚才说到的那个"失火概率"就派上用场了。在决定销售这种保险之前,保险公司就会雇佣一批精于计算的人(现代称为"保险精算师"),关上门仔细的测算一遍,对每一座投保的房子,该收多少钱的保险费才合理?收得太高,没人来买;收得太低,没钱来赔付保险金,都是严重的麻烦。

理论上说,一个合理的测算结果,就是保证收来的保险费和将来要支出的保险金正好持平,可以用下面的公式粗略表示。

首先,

收来的保险费总额 = 发生事故后支付的保险金总额

同时,

收来的保险费总额 = 每个投保人缴纳的保险费 × 投保人的总数

发生事故后支付的保险金总额 = 发生事故后赔付的保险金 × 投保人的总数 × 发生特定事故的概率

合在一起,就是

每个投保人缴纳的保险费 × 投保人的总数 = 发生事故后赔付的保险金 × 投保人的总数 × 发生特定事故的概率

上式等式两边,都有"投保人的总数"这一项,而且这一项显然不能为零(无人投保则保险没有意义),则该公式可简化为保险概率的基础平衡公式,即

每个投保人缴纳的保险费 = 发生事故后赔付的保险金数额 × 特定事故的发生概率

比如,刚才的那个火灾保险的例子,就可以表示为

$$20 = 20\,000 \times (1/1\,000)$$

其中,20 元为每个投保人缴纳的保费;20 000 元为发生火灾后,投保人能够获得的保险赔付金额;1/1 000 为那一年内,所有房屋发生火灾的平均概率。

保险概率的基础平衡公式实际上就是现代保险业的基础逻辑,也指明了保险运行的基本依据。当然,保险概率的基础平衡公式做了许多简化,比如没有考虑保险公司的成本和盈利:如果某家保险公司,收到的保险费最终都恰好全部赔付出去了,那保险公司员工的工资、房租,又从哪里出呢?所以在实际运行中,保险概率的

基础平衡公式的等号左边往往都必须比右边略大一点,才能保证保险公司的正常运行和合理利润。

5.1.4 保险中的规模效应

仅仅用保险概率的基础平衡公式并不能全面地描述保险的概况;或者说,保险概率的基础平衡公式仅仅考虑了理论上的状况,没有回答实际的问题。

比如,在上节的例子中,假设在某一年里,金宁市中只有 200 户人家购买了这种火灾保险。则该保险公司收到的投保费用总额,就是 200 × 20 = 4 000 元。很显然,如果这 200 户人家中,真的有一户出现了火灾,这 4 000 元完全不足以支付保险合同中约定的保险金(2 万元),对投保人的利益保障也是虚无缥缈的。

此外,我们所说的"某种事故发生的概率",是一个统计学意义上的数字,在绝大多数时候是合理的,但并不能排除极端情况出现的可能。比如,在某个干燥的冬天,金宁市一座房子着火了,火势在大风的影响下迅速蔓延,最终烧毁了 10 座房屋;而这 10 座房屋中,恰好有 5 座都事先投保了该公司的火灾保险,则该公司需要赔偿的总额就是 5 × 20 000 = 100 000 元,这让保险公司更是措手不及,恐怕只能以破产告终了。

为了应对上述两种情况,保险业中有许多的具体的防范规则,但其中最重要的一点,就是该保险的总规模。

显然,当投保人的总数达到一定规模时,保险金的总额才能真正起到赔付的作用(比如,在上述例子中,至少 1 000 人投保,才能保证至少赔付 1 座失火的房子);而这个规模越大,则抵抗风险的能力也越强。本质上说,就是参与了分摊风险的人越多,则每个人需要承受的损失就越小,能够保障的人数就越多,抵抗风险的能力也越强。

比如,在上述的例子中,假设金宁市有 1 万座房子投保了火灾保险,则保险金总额为:100 00 × 20 = 200 000,足以应付 10 座房子遭受火灾的赔付了;如果有 5 万座房子投保,则保险金总额高达 100 万,哪怕发生 50 座房子遭受大火的极端情况,这个火灾保险机制依然能够有效运行。

另外,还必须考虑到保险公司成本的问题。在第 1 篇中,我们就提到过规模经济的原理,在这里依然是适用的。假设金宁市的这家保险公司,每年需要支付房租 1 万元,银行贷款利息 1 万元,员工工资 2 万元,则总的经营成本为 4 万元/年。如果当地总共有 1 000 座房子投保了火灾保险,则每座房子上分摊的成本就是 40 元,甚至超过了他们缴纳的保险费,这当然是没法操作的;而假设有 5 万座房子投保,则每座房子上分摊的成本仅为 0.8 元。该公司只需将保险费从 20 元提高到 21 元,就足以覆盖上述成本,甚至还能获得 10 000 元的盈余。用不等式来表达就是

$$(20\ 000 + 10\ 000 + 10\ 000)/50\ 000 < 50\ 000 \times 1$$

当然,这里并没有考虑每个投保人产生的费用,也即该保险公司的可变成本,但总体上说,对保险公司而言,不变成本远大于可变成本,所以这个逻辑绝大多数时候是成立的。

5.1.5　保险和概率

在保险概率的基础平衡公式中,我们提到了"特定事故的发生概率"的问题。理论上说,这个概率可以为 0 ~ 100%,都不影响保险概率的基础平衡公式的成立。然而,实际上这个概率决定了投保人和保险公司之间的利益关系,它实际上就等于发生事故后赔付的保险金是缴纳的保险费的倍数。比如,在上述例子中,因为发生火灾的概率是 1‰,所以发生火灾后的保险赔偿金,可以定为每个投保房屋缴纳的保险费的 1 000 倍。

因此,不难理解,这个概率越大,保险分散风险的作用就越弱;或者说,投保人实际上受到的保障就越小。比如,假设金宁市发生火灾的概率不是 1‰而是 1%,而每栋房子的保险赔偿金仍为 2 万元的话,按照保险概率的基础平衡公式,每栋房子投保所需缴纳的保费就必须提高到 200 元,才能保证保险公司有足够的赔付能力。

而更极端的情况,假设这个概率接近于 1,则按照保险概率的基础平衡公式,此刻的投保就失去了意义,因为每个人缴纳的保险费,将非常接近于发生特定事故后能获得的保险金,完全没有分散风险的作用。因此,现实中保险公司非但不会为这种概率接近于 1 的事情承保,对于一些概率较大的事项也会拒绝销售保险。比如,对于从事高危职业的人(井下矿工、特技演员等),或在特定危险地区活动的人(比如,正爆发战争、武装冲突的地区活动的人),都会被保险合同中明文排除,不接受他们的投保,其逻辑也是为了确保发生特定事故的概率不会太大。

另外,关于某个特定事件发生的概率,还有一个有趣的问题:只有当样本足够大时,这个概率才是可靠的。换句话说,当样本足够大时,某个特定事件发生的概率就会趋于恒定,偏离这个概率的可能性就非常小。这就是数学上所说的"大数定律"。

要理解大数定律也很简单。假设我们用一枚两面均匀的硬币来玩抛硬币的游戏,抛了 3 次,2 次正面朝上、1 次背面朝上。此刻,正面朝上的概率变成了 2/3,而不是理论上的 1/2;而当我们继续玩下去,比如说抛硬币 1 000 次,就会发现正面朝上的概率就接近于 1/2,偏离 1/2 的误差只有百分之几;而如果将抛硬币的次数扩大到 100 000 次,则这个概率已经非常接近于 1/2,偏离 1/2 的误差只有万分之几。

类似地,倘若某个特定事项发生的概率是 0.1,但只有 10 个人参保,则最终出现该事件的实际概率极可能是概率偏离 0.1 的,比如 2 人、1 人、0 人出现该事件都是完全可能的。因此,为了让保险核算中的事件发生概率更加可信、可靠、可用,就必须保证它所适用的基础是数目很大的样本数,否则这个概率极可能和实际情况出现较大的偏差。

在医保体系中,个人缴纳的费率标准的厘定,实际上也存在着概率高低的考量,即多少投保人会在日后真的生病、需要医保报销。这个数字,通常是从前 10 年的全国卫生统计数据中获得的。

5.1.6　小结

综上所述,总结如下:

(1)保险并不能阻止特定事故的发生,无论是否购买保险,意外事故的发生概率都是基本保持不变的。当然,许多保险公司也会采取一些额外的防范措施,比如赠送灭火器和定期体检,尽可能地帮助投保人防范特定事故发生,但这并不是保险本身的作用。

(2)保险可以帮助投保人分散风险,降低因为意外事故带来的损失。具体而言,让数量众多的投保人,共同承担了少数人意外出现的损失后果,让个体难以承受的风险变为可以承受,从而实现了"安全网""保险绳"的作用。

(3)保险所保障的事项是有一定概率发生的,但并不是必然发生的意外事件;同时,这个事情发生的概率必须不能很大,否则要么需要缴纳的保费非常高,要么赔付的保险金很低,两者都起不到分散风险的作用。

(4)尽管投保人的总数并不影响保险金赔付倍率的决定,但总人数的规模越大,则该保险的总资金就越多,抵抗极端意外情况的能力越强。当规模小到一定程度时,不仅保障能力很弱,每位投保人分摊的保险公司运营成本也会越多。规模经济的原理在此处是成立的。

5.2　社会保险和商业保险的异同

"社会保险"中的"保险"和我们之前所说的保险,又是什么关系呢?

5.2.1　社保的定义和功能

通常而言,社会保险被认为是社会保障制度的一部分,是一种为暂时或永久性的丧失劳动能力、暂时失去劳动岗位,或因健康原因造成损失的社会成员提供收入或补偿的一种社会和经济制度。

因为经济、社会、历史等原因,各国对社会保险的范围理解不同,但基本上都可以归纳为三大部分:养老保险、医疗保险、失业保险。其中,医疗保险又可以细分为健康保险、大病医疗保险、工伤保险、伤残保险和生育保险等特定场合的保险。当然,有些国家和地区还会对那些最弱势群体提供额外的社会保障,如完全无法从事劳动的先天性的残障人士、孤儿、因为躲避战乱而进入本地区避难的外国人等,但这部分内容更接近于"社会慈善"的范畴,故不在本书中展开讨论。

从社会发展的客观规律来看,任何一个人类个体,终其一生,必然会有一段或几段时间是无法工作、无法通过劳动获得收入的:从年幼到法定劳动年龄之前(我国是 18 周岁),到超过法定劳动年龄之后(我国是男性 60 周岁,女性 55 周岁,特殊工种、职业则单独规定)。哪怕不考虑法定劳动年龄的限制,人类身体的衰老也是一种客观规律,必然会阻碍到终身劳动的实现。

因此,从古到今,人类社会都存在一种敬老体制,让年龄达到一定程度的人,不通过劳动也能获得生活的必需品。而随着社会的进步,这种敬老就从散碎的社会道德升级为成体系的社会保障制度,以退休金、医疗保险等形式尽可能地保障这些因为年龄因素而退出劳动者行列的人群的生存。

这种进步当然是一种社会文明的表现,体现了社会对弱势人群的关心和保护。同时,它又是一种必然的选择,因为人类都会有衰老的那一天,有了完善的社保制度,才能让社会成员不必担心自己几十年后的生活,打消后顾之忧,从而把更多的精力与体力投入到当下的工作中去。

事实上,在鼓励创业、创新的浪潮里,在城镇化的过程中,这种"老无所依"的焦虑感已经渐渐体现出来。如果我们不能建设一个保障充分、公平合理、持续可靠的社保体系,那么就会影响整个社会的发展速度。

此外,社保制度的存在也是维持社会稳定的必然要求。可以想象,如果有大量丧失劳动能力或劳动岗位,却又没有任何"兜底"保障的人群长期存在,就很难实现社会的公平、正义,甚至可能会引发激烈的矛盾冲突。总而言之,社会保险具有类似于公共品的性质,既有商业性,也有福利性。

5.2.2　社保的参与者

正如前文所述,商业保险的保护对象,当然只有特定保险的投保人;只要没投保,遇到再大的损失,也和保险公司概无瓜葛。这种做法无疑是公平的,既体现了权利和义务一致的原则,又保证了保险制度的可持续性。否则,就会有许多的"搭便车者"出现,从而影响消费者的决策(保险本身也是一种特殊的商品),让保险制度无以为继。

同理,对于社保而言,一个看似残酷却也是不可动摇的原则,就是它的门槛:只有满足规定条件的社保参与者,才有权享受社会保险的待遇。比如,各国社保普遍都规定,只有缴纳养老保险达到一定年龄的人,才可以在达到一定年龄后获得退休金;如果缴费时长不足,则无法足额领取,或者必须先补缴才能领取。我国的最低缴费年限是累计缴纳满十五年。

链接:

《中华人民共和国社会保险法》

第十六条 参加基本养老保险的个人,达到法定退休年龄时累计缴费满十五年的,按月领取基本养老金。

参加基本养老保险的个人,达到法定退休年龄时累计缴费不足十五年的,可以缴费至满十五年,按月领取基本养老金;也可以转入新型农村社会养老保险或者城镇居民社会养老保险,按照国务院规定享受相应的养老保险待遇。

此外,为了最大限度地保障社会成员的福祉,各国法律又都普遍规定了"非歧视性参保"的原则。也就是说,对于劳动者而言,无论性别、年龄、种族、阶层、收入、职业和宗教信仰上有什么差异,一律都享有平等地参加社会保障计划的权利,不得在年限、费率等方面有所歧视。当然,在实际的执行之中,很多国家和地区的法规中又会有一些变通的做法,以符合当地社会经济发展水平的实际。

比如,一个困扰人们多年的问题就是同一个国家内,发达地区和欠发达地区之间,社保能不能通用。因为发达地区的平均工资水平较高,按照比例缴纳的社保费也就相应的较高(包括用人单位和劳动者个人承担的部分都较高);而欠发达地区则相应的缴费较少。此外,人口稠密、居民平均年龄较低的省份,相应的缴纳的社保保费较多、领取保险金较少;反之,人口较少、年龄结构偏高的地区,缴纳的社保保费较少而领取保险金较多。久而久之,各个地区的社保账户中的积存总额就会有明显的差别,如果直接允许各地区之间的社保通用,劳动者可以自由选择省份领取保险金的话,则对于缴费较多的省份显然是不公平的,甚至可能出现有人利用这个漏洞套利的可能。但如果不允许通用,则又会给劳动者领取保险金、选择退休后的生活地点带来诸多不便。对此,目前各国都在积极探索,以期找到一个相对公平的方案。

总之,社保应当尽可能地满足不同层次的需要。但是,在参保者的参保年限、缴费连续性等方面依然存在着较为严格的限制性条件。

5.2.3 社保和商业保险的相同之处

在了解商业保险的内在逻辑之后,我们再来看社会保险的结构,就不难发现两者之间存在着极大的相似之处:

(1)两者都是以分散风险作为基本原理的。这一点在医疗保险中尤为突出:显然,在特定时间段里(比如1年之中),无论某人是否参加了医保,他罹患重病的概率都不会因此改变;对于这个参加了社保的人群而言,每年需要医保承担费用的毕竟是极少数人。这样,就可以把支付医疗费用的风险分散开来,由所有参加了社保的劳动者平摊,极大地降低了因病致贫或没钱看病的风险。

(2)两者都以必须投保达到规定水平,作为赔付的先决条件。比如,当某人加入医保不足一定年限就罹患疾病时,报销比例就会有所限制。对于未参加医保的个体而言,社保基金不会予以报销支持。

(3)两者都遵循"大数定律",都要求投保的总人数达到一定规模,预定的保险费率才会贴近现实,保险基金才可能正常运转。

(4)两者实际上都必然遵循保险概率的基础平衡公式,即依据某个特定事件(如重病、受伤等)的平均发生概率,厘定投保费和保险赔偿金的标准。

5.2.4　社会保险和商业保险的差异

社会保险和商业保险之间存在的差异也是非常大的。这主要是因为两者的定位不同,商业保险的最根本目的是获取利润,在法律允许的范围内,利润率当然是越高越好,这也是无可指责的(分散风险只是为了实现这一目标而选择的手段)。然而,社保的最根本目的是为了保证社会的公平,保护绝大多数社会成员的福祉,推动社会的和谐、稳定发展。因此,社会保险并不以营利为目的,尽管基金的管理者也会努力使其增值、保值,但毕竟那不是主业。

因此,在保险费的缴纳标准上(又称为"费率"),社会保险通常要求是保本即可,并不需要有所盈利。实际上,大多数国家和地区的社保不仅没有盈利,还多多少少会出现亏损,哪怕是发达国家也是如此(而德国是一个例外,至少最近几年能够保持医保基金的收支有所盈余)。

另外,社会保险是社会保障的一部分,关系着亿万人的生活质量,不夸张地说,社保基金就是老百姓的救命钱。因此,各国社保的管理制度中都普遍规定,禁止把社保投入高风险的投资之中,以免出现巨额亏损时,造成社会的剧烈动荡。当然,为了保证社会保险本身的可持续性,各国普遍又都规定,在保证社保安全、稳健运行的前提下,允许用社保基金结余部分做一些投资,以获取适当的增值,如购买国债、主权基金等。换句话说,社保投资是一个"赢得起输不起"的任务,对其安全性的要求,要远远重于投资回报率的要求。

此外,社会保险在本质属性上还是社会福利的一部分,必须尽可能周全的覆盖社会成员。因此,社会保险在投保人的筛选上并无太多要求,几乎是只要有工作者皆可投保。相反,商业保险往往对投保人设立较高的要求,比如年龄、既往病史、从事职业等,阻止那些有较大概率出现健康意外的人群进入商业保险体系,以降低整体风险,保证利润率的可控性。

这种倾向在美国被戏称为"撇奶油",也就是"只吃掉蛋糕上面的奶油,留下蛋糕不要",往往是很多商业保险公司都会采取的策略。而"奥巴马医改"的一个重要目标,就是消除这种现象。关于这一部分的细节,将在第3篇中详细讨论。

还有一点,社会保险和商业保险的定位是不同的:商业保险讲究的是对投保人的全面保护,也就是说,如果约定的意外事件发生,投保人获得的保险金,通常是足够偿付其因这个事件而支出的成本的。比如,重新修建一座房子的费用或治疗疾病的医疗费用都可以足额地得到覆盖。而社会保险通常只能做到部分覆盖约定的意外事件带来的成本。也就是说,社会保险只能保障最基本的需求,"安全网"的作用是有限的,倘若遇到很大的损失,也可能出现保险金"不够用"的情况。总而言之,社会保险起到的是"雪中送炭"的作用,而商业保险起到的是"锦上添花"的作用,两者互不替代、互为补充。

社会保险和商业保险最重要的一个差别,是投保人的自由选择权。商业保险是一种商品,投保人和保险公司是平等的交易主体,任何一方都不得强迫对方接受自己的条件,投保人有选择保险公司的自由,甚至有完全不购买保险的自由。而社会保险往往带有强制性,投保人无权选择保险公司(也就是社保基金),无权不参加社保。比如,我国法律就明确规定,用人单位有责任为劳动者依法依规、按时足额的缴纳社保,非法定事由不得拒交、缓交,否则,将承担相应的法律责任。

链接:

《中华人民共和国社会保险法》

第六十条 用人单位应当自行申报、按时足额缴纳社会保险费,非因不可抗力等法定事由不得缓缴、减免。职工应当缴纳的社会保险费由用人单位代扣代缴,用人单位应当按月将缴纳社会保险费的明细情况告知本人。

第六十三条 用人单位未按时足额缴纳社会保险费的,由社会保险费征收机构责令其限期缴纳或者补足。

用人单位逾期仍未缴纳或者补足社会保险费的,社会保险费征收机构可以向银行和其他金融机构查询其存款账户;并可以申请县级以上有关行政部门做出划拨社会保险费的决定,书面通知其开户银行或者其他金融机构划拨社会保险费。用人单位账户余额少于应当缴纳的社会保险费的,社会保险费征收机构可以要求该用人单位提供担保,签订延期缴费协议。

用人单位未足额缴纳社会保险费且未提供担保的,社会保险费征收机构可以申请人民法院扣押、查封、拍卖其价值相当于应当缴纳社会保险费的财产,以拍卖所得抵缴社会保险费。

5.2.5　小结

这一节详细分析社会保险和商业保险的相同与不同之处。尽管两者都遵循保险的基本原理,都为了分散投保人的风险而设立,但因为两者的定位不同、目标不同,所以社会保险在费率上往往较低,同时保障力度也比商业保险要弱一些。这种特征决定了社保必然是在盈亏的边缘艰难运行,稍有不慎就可能出现社保基金亏损的尴尬局面。此外,社会保险具有强制性,劳动者加入社会保险,既是权利也是义务;而商业保险没有强制性,以双方的自愿协商为准。

5.3　保险对消费的影响

购买保险,当然也是一种消费行为,或者说,是消费者购买的一种服务,只不过这种服务的兑现存在不确定性,必须满足特定条件方才可能让消费者受益。相应地,投保人为此支付的保险费,当然也就是购买这种服务的代价。

那么,投保人购买了保险之后,对于他的其他消费支出,影响是正面还是负面的呢? 这个问题需要从两方面来考虑。

5.3.1　保险费用的挤出效应

对于一个特定的个人,或者一个家庭,甚至大到整个社会,在某个特定的时间段内,能够获得的总收入当然是有限的。换句话说,可支配的收入是有限的,购买力因此也是有限的。

由此,当某人把收入的一部分用来购买保险之后,无论买的是商业保险还是社会保险,都必然会挤占其他支出的份额。比如,某人月工资为 6 500 元,但在拿到工资之前,已经自动扣缴了养老保险、医疗保险共 2 200 元,则某人实际拿到手的工资只有 4 300 元,他也只可能在这 4 300 元的范围内购买各种商品,这就体现为保险费用对其他支出的挤出效应。

在本书第 1 篇中,我们已经知道,劳动力本身也是一种生产要素,存在供给的均衡问题。当劳动力的价格上升时,企业往往就会选择少购买这种产品,也就是尽可能地少雇佣一些劳动者。而劳动力的价格,除了支付给劳动者本人的工资之外,当然也包括了为劳动者缴纳的社保费用。在各国的社会保险中,缴纳的保险费几乎由两部分组成:劳动者自己缴纳的部分和雇主(用人单位)为其缴纳的部分。

因此,对于企业而言,在考虑劳动力的价格时,往往会使用"用人成本"的概念,即把工资、奖金、社保缴费合并在一起计算。比如,在上面的例子中,尽管该职工每个月只拿到了 4 300 元的现金,但企业为他一共支付了 6 500 + 1 200 = 7 700

元,实际用人成本几乎是他拿到手的工资的一倍。这对于企业而言,是一笔不小的负担,直接影响了企业的利润水平,也影响了企业的雇佣工人的意愿。

反过来说,当企业购买劳动力的意愿下降时,就无法实现充分就业,间接地又会影响到个人的收入水平,从而影响到整个社会的购买能力。从宏观上看,这就相当于社会把更多的收入储蓄起来(对大多数投保人而言,养老金的使用当然是很多年之后的事情,可以视为一种储蓄),相应地,整个社会的消费当然也就会减少。考虑到货币的乘数效应,对于总体消费能力的影响还会再乘上几倍。

正因为如此,近年来我国也在考虑适当下调企业缴纳的社保费用的标准。从2015年起,截至2018年11月,国务院已经连续4次降低社保费率,总体费率水平由41%降至37.25%,显著地减轻了企业的负担。

5.3.2　保险费用的鼓励作用

经济学中最重要的"理性人假设",是假定每个具体的人,在面对决策时都会从自己的利益最大化来考虑问题,预测各种变化对自己受益的影响。正所谓"人无远虑必有近忧",一个经济理性人,当然会考虑自己在未来面对的各种风险,包括疾病、意外伤害、生育、退休、被动失业等意外事件带来的收入下降、支出上升的双重风险。

在这种情况下,哪怕不把一部分收入用来购买保险,这个"理性人"依然会选择其他渠道来进行储蓄,积累一笔资金,以面对未来的各种不时之需。从这个意义上说,没有保险的存在,同样会导致社会的部分资金被储蓄起来,不再进入市场流动,从而挤占了再生产所需的资金。考虑到货币乘数效应的问题,这种挤出效应,同样是不可小觑的。

因此,社会保险的角色,实际上又是不可缺少的。有了它的存在,劳动者对自己的未来预期往往就会更加心中有底,不必担心因为一次意外事件就彻底打乱自己的经济生活。尽管意外事件本身是无法预测也是无法避免的,但有了社保的"托底"作用,就像给走钢丝的杂技演员拴上了一根保险绳,鼓励他们从事挑战更大的任务,拓展更多的未知领域;同时,这种预期也让普通劳动者在消费上更加大胆,更愿意将工资用于购买其他商品而不是储蓄起来。

当这种促进作用带来的消费增长,超过了因为参加社会保险(缴纳社保费用)而导致的消费减少,则总体上看,参加社会保险对于消费是积极的拉动作用。类似地,也会增加居民的投资意愿,从而让更多的资金流入生产领域,促进生产的发展。

此外,在很多国家和地区,都允许社会保险的管理机构,把一部分暂时尚未赔付出去的社保结余资金,用于低风险项目的投资。尽管这种投资限制很多,但终归是让这部分钱又回到了生产、流通的领域,而不是沉淀在账面上,对于社会生产来说当然也是一种促进。

综上所述,讨论社会保险对消费、投资到底起到拉动作用,还是起到阻碍作用,是无法一概而论的,必须根据一时一地的社会发展水平、投融资需求、经济增长速度甚至就业率等信息,综合衡量才能做出判断。但有一点是可以肯定的:在效率和公平之间,社会保险体系更倾向于公平,以保障社会的有序运行。

5.4　本 章 小 结

本章探讨了社会保险的经济学本质:它跟商业保险类似,都是以分散特定事件的风险为目标,以缴纳保险费－赔付保险金为主线的一种制度安排。在这种制度中,个体承受意外风险的能力有了很大的提高,因而实现了对社会成员的保障,也成了社会福利制度的一部分。

同时,社会保险和商业保险又有很大的差异,主要在于两者的目标不同(社会保险不以营利为目的)。此外,两者的定位不同(社会保险是基础性的保障,保障水平较商业保险低)、参加对象的挑剔标准不同、是否自愿参加保险不同(社保往往带有强制保险的性质)。这些差异,都是两者目标的衍生物。

最后,参加社会保险当然会让劳动者的实际可支配收入下降,但从整个社会的角度考虑,社会保险对于消费、投资的影响作用并不一定是负面的,会受到两方面、多因素的作用。其中,最关键也是最可控的因素,就是社保费率,如何合理地核定费率,关系劳动者、企业和社会整体的福祉,影响劳动者参保的积极性,甚至影响社会的稳定。

第6章 社会保险中的博弈论

在本章之中,我们将会讨论社会保险中,有哪几方面的参与者,他们各自的利益诉求又是什么,并从经济学的角度加以阐释,以期更好地理解各方的利益存在哪些分歧,又有哪些是一致的,博弈中的各种表现又该如何用经济学原理去解读。

6.1 社会保险中的参与者

首先,有必要廓清此处讨论的范围。尽管"社会保险"一词,事实上包括了养老保险、医疗保险、失业保险等等不同的险种,但在本章之中,我们主要针对医疗保险进行讨论。这样选择的理由是:相对而言,失业保险、生育保险的金额不大,且多为一次性的补贴,计算方式也较为简单;相反,医疗保险计算方式复杂、涉及面广、内容繁多,又是几乎每个参与社保的劳动者都会遇到的问题,有必要着重讨论。而养老保险的复杂程度介于这两者之间,我们也会在本章之中稍做讨论。

6.1.1 社保中的四方参与者

就医疗保险来说,大体上可以分为 4 个主要的参与者:

1. 投保人

也就是参加医疗保险的劳动者。为了讨论上的简便,在这里,我们姑且把这么多人视为一个整体,暂时不考虑他们之间的差异性。当然,这种差异性无时无刻都是存在的,包括年龄、性别、体质、生活习惯等等,多少都会影响到个体的决策,只不过对于整个社会而言,这种差异往往可以彼此抵消,整体影响有限。

2. 医疗保险的主办方

也就是销售医疗保险的"保险公司"。当然,在各个国家和地区的实践中,主办方的面目千差万别,有些是作为政府机构的一部分出现,如医保局、卫计委或分布在各个省份、区域的医保管理中心;有些是由一个国有企业或私有企业;也有些地区,是由多个保险公司组成一个医疗保险的大联盟,共同决定医保中的政策细节……不管怎样,我们在这里也姑且将主办方视为一个单一的整体。

3. 具体承担医疗保障任务的医疗机构

在上一章的分析中,我们似乎只看到了投保人和保险公司,并没有医疗机构的身影,那是因为我们将医疗保险简化为"投保－理赔"两个环节了。然而,在世界各国、各个地区的实践之中,几乎不可能真的只考虑这两个环节,而不对医疗过程本身进行控制。这样简化就是为了实现本书第一篇中提到过的经济学假设前提中的第 4 个:交易各方,都能够完全、充分、对等的获取和交易相关的信息,方才能保证市场在资源配置中是有效的。

实际上,这里还有一个隐藏的参与者,那就是医疗机构中直接治疗患者(投保人)的医生,也具有独立的利益诉求。为简化起见,我们暂时先将医生群体视为和医院利益完全一致的个体,并在下一章中再讨论医生的诉求问题。

4. 为医保机构、患者提供药品的生产厂家

严格来说,医药费用问题还包含医疗器械和医疗耗材的费用,如一次性注射器、纱布、X 光胶片等等,以及它们各自的生产厂家。为简化讨论起见,本书中都将其统称为药品、药品生产厂家。同样,在上一章的分析中,我们也没有看到药厂的身影,但一个客观现实是:医疗行为需要使用各种药品和器械、耗材,而无论是医保的主办方、医院还是患者自己,都不能提供这些药品,必须依赖第四方来供给。当然,医院自己也可以开设药房部门来制造药品,但从效率上说,肯定不如专业化的药品生产企业——社会分工往往能实现规模经济,从而提高效率。

总之,在忽略掉一些细节上的差异之后,我们可以看出,医疗保险中的主要参与者就是四方:医保主办者、投保人(患者)、医疗机构和药品生产厂家。本章之中,将围绕着这四方的核心利益来展开讨论。

6.1.2　参与各方的利益诉求

按照经济学的 5 大假设中的"理性人假设",我们认为,上述四方参与者,都有各自的核心利益诉求;并且,他们都愿意在不损害自己核心利益的前提下,可以做出部分的妥协,与其他三方达成一致意见。

首先,对于投保人而言,其核心诉求实际上可以分为两个部分:自己缴纳的投保费用较少;出现疾病或意外伤害时,获得的保障程度较大。显而易见的是,在社保的资源有限的前提下,这两个目标是彼此冲突的。因此,在绝大多数情况下,投保人必然会将两者分别定为主要目标、次要目标。

对于不同的投保人而言,两者的重要程度也有差异:对经济情况较好的投保人而言,多付出一点保费并不可怕,有了重病报销不够才可怕;相反,对经济情况较差的人而言,每个月多付出一点保费,已经足以让其生活质量显著下降。用第一篇曾经介绍过的"价格弹性"理论来说,就是高收入群体的人,价格弹性较小,低收入群

体的价格弹性较大。

第二,对于医保的主办方而言,其核心诉求也可以分为两个部分:最重要的,是医保基金本身的存续,不能出现较大的亏空,也就是资不抵债、无以为继的窘境。这也是各个国家和地区,对医疗保险主办方的最基本诉求;一旦医保机构本身破产了,给整个社会带来的负面影响是极其可怕的,对未来的担忧,直接会催生绝大多数人的恐慌和愤怒,甚至引发动荡。

而次要目标,则是尽可能地扩大保障的范围和力度。前者,是要把更多的人、更多的病种纳入医疗保险的范围之中;后者,是让进入医保体系的人,在遇到约定的伤、病等情形时,能够尽可能地把损失完全分散开来,尽量不出现因病致贫、债台高筑的现象。

第三,对于具体承受医疗任务的医疗机构而言,其核心诉求,或者说最基本的要求,就是医院的收入要足以支付成本。在此基础上,如果能有盈余,则是进一步的目标了。我国的公立医疗机构均为非营利性质,理论上是不需要医疗机构去赚钱的;其中一些医疗机构还享有财政的拨款(主要体现为对有编制人员的部分工资的支付),虽然这部分拨款并不能充分抵充医院的支出,但终归是会为医院减少一部分负担。所以,理论上说,医疗机构只需要保证药品的最终销售价格不低于进价、医疗服务的价格不低于付给医护人员的相应工资,就能够实现收入覆盖成本的要求。

然而,现实情况要比这个复杂得多。

首先,医院需要发展,无论是购买大型的检查、治疗设备,还是修建新的大楼(以设立更多的病床,收治更多的患者),当然都需要很多钱,而这部分基础建设的资金,未必能够获得当地财政的完全支持,还得靠医院自己来解决。此外,医生的培养周期很长(即便是以最低学历本科计算,加上规范化培训和临床实习,从进入医科大学到独立执业也需要七年时间;如果是读到医学硕士、博士则周期还会更长),培养成本很大。此外,没人能决定自己是什么时间段生病、受伤,所以医疗机构必然是24小时有人值守的,医护人员不得不经常值夜班,工作非常辛苦。

也就是说,医护人员的工作压力较大,专业技术要求很高,理应在工作中获得较高的报酬作为补偿。而公立医院的非营利性质,又决定了收费价格只会在成本附近徘徊,从而就导致了医生、护士的收入与其心理预期落差较大的问题。从经济学理性人的角度出发,当这种收入不足以抵偿其成本时,当然会带来不利影响。

这个问题在近年来已经有所体现,有些网络上出名的"大V"医生,选择了从公立医院离职,投入私立医院,或者干脆自立门户,开设了诊所,从而有效地提高了自己的收入。这当然是各人选择的自由,但对于保持和提高公立医院的医疗水平,却会是一个不利的因素。此外,我国儿科医生的需求缺口巨大,很大程度上也是因为儿科医生工作压力大、收入不够高所导致的。

因此，无论从人情还是逻辑出发，都不应该忽视医护人员的待遇问题。

总之，医院除了要考虑收入（包括财政拨款和门诊、住院收费）足以抵消运营成本之外，还必须考虑顺应社会发展需求，逐步、有序的提高医护人员的待遇，才可能留得住人、干得好活，才能扩建、改建楼房、购买先进的医疗设备，最终实现医疗机构的可持续发展。总之，医疗机构在医保博弈中，我们事实上必须把这部分合理诉求也加入通盘考虑之中。

第四，涉及供应药品（含医疗器械、一次性耗材等医疗用品）的药品企业，其核心诉求，是通过药品的销售，获取合理的利润。在这一点上，药品生产、供应企业和其他别的行业并无二致。然而，药品具有特殊性，其使用者和购买者、付费者往往是分离的：具体用药的是患者，决定使用什么药物的是医生，而最终通过报销而买单的却是医保机构。因此，药品企业要实现盈利的目标，就必须得到医生、患者、医保机构的共同认可才行，情况非常复杂，同时也是时下医药改革的热点所在。关于这一部分，我们将在后续章节中展开讨论。

6.1.3　小结

本节分析了社会保险中的医疗保险，实际上是有多个参与方的，至少包括了医保机构、医院、患者和药品厂家，而其中每一家又都有自己的利益诉求，彼此并不完全一致，有时候还是彼此矛盾的。有意无意的忽视其中任意一方的利益，都会导致利益格局的失衡，从而让医疗保险甚至整个社会保险难以维系。

6.2　医疗保险中的各方博弈

6.2.1　各方博弈的本质

本书第一篇的第3章，已对博弈论的精髓进行了剖析。考虑到社保基金在特定时间内当然都是有限的，所以，这4方面的博弈应该是一个零和博弈。

总结上一节中提到的各方诉求，我们可以用下表6-1表示：

表6-1　医保博弈中的4方诉求

	首要诉求	次要诉求
患者	医疗保障充分	缴纳费用少
医院	收入覆盖成本	总体收益高

表 6-1(续)

	首要诉求	次要诉求
药企	收入覆盖成本	市场占有率
医保机构	医保整体可持续	资金使用效率高

当然,对于每一个患者具体的个体而言,诉求与诉求的计量方式,都可能会有所不同;在不同的国家、地区,甚至不同等级的医疗机构中,主要诉求和次要诉求也会有差异。比如,三甲医院更看重在整个地区的影响力,患者每天都挤满了挂号处,根本不缺患者,而社区医院却非常担心患者不足。不过,从整体上说,至少在主要诉求方面,不同机构的变化不大。

就主要诉求而言,我们不难看出,博弈中的 4 方,实际上是在分同一块"蛋糕",那就是特定年度的医保费用总额(这个数字通常接近于当年所有人缴纳的医保费用的总和,但有些地区可能会有盈余,有些地区则可能出现亏损)。显然,一方多占一些,就意味着另外三方会少分得一些。

因此,有人把这种博弈形象地比喻为"打麻将":假设无须考虑赌博是否合法的问题,上了桌子的 4 个人中,无论彼此输赢如何,总的钱数依然是不变的,不过是这个人口袋里的钱流到了那个人的口袋之中。打牌中当然会有输赢,但显然不会出现"4 个人都赢钱"的场面。同理,如果没有外部渠道的资金输入,无论医保如何改革,也不可能出现医院、患者、医保机构、药厂都获益的情况;最好的场面,是 4 方都能够保持收支平衡,就已经是非常不容易的了。这就是我们进行医保问题讨论的经济学基础:是对医保基金的存量进行研究,而非增量。

6.2.2 医疗费用的构成及博弈

正如前文所述,患者在付给医疗机构的费用中,主要可以包括四个部分:治疗费、检查费、药械费、其他费用。

其中,治疗费主要是为医护人员的劳动所支付的费用,比如挂号费、手术费、换药费、注射费、护理费、复健费等等,这一部分的定价相对而言很透明(往往是由卫生行政管理部门会同物价部门,共同制定一个参考价格),数量上也很少发生争议,并不是本书要讨论的重点。

而检查费方面,主要指为患者所做的仪器检查的费用,比如核磁、CT 扫描、X光、肠镜等,也包括血液、尿液等各种标本的化验检验等费用。这部分的费用,单价同样相对固定,在一个地区内几乎所有医疗机构都是同一个价格。

然而,某位患者是否需要做某个检查,则存在一定的信息不对称:在没有做该项检查之前,医生当然是无法知道检测结果的;如果检查结果为"阴性"或"正常",

检查费用也不可能退还了。如此一来,就可能引发医生与患者之间、医院与医保机构之间的争议:某些检查,是不是真的必须去做的呢? 会不会是医院为了提高收入而做了一些不必要的检查呢? 要知道,按照成本理论,大型检测设备的固定成本显著高于可变成本,当然是检查过的患者越多,摊薄的成本越低了。

　　为此,我国一些地区的卫生行政管理部门和医保部门联合发出通知,要求控制仪器检查结果的阳性率,不能低于某个数值水平(根据具体检查项目的不同而有所差异,由该领域的医疗专家共同商定),否则在给医院支付医保费用时予以一定程度的扣减。也就是说,需要医生首先从其他非仪器检查手段中,初步判断患者的病情,确定有必要方才实施仪器检查。这种规定,当然有助于减少不必要的支出,但却也存在着限制医生诊疗的麻烦,甚至可能导致医生因为未开检查而误诊,虽然是一件小概率的事情,但终究还是一个隐患。

　　而所谓其他费用,包括病床费、空调费、护工费用等等,相对而言占比很少,且计价方式清晰,本书也不再讨论。真正最重头戏的部分,就是药械费了,也就是各种药物、辅助用药、一次性治疗器械等消耗性的医疗用品的总费用(一些价格较为昂贵的医疗器械,如心脏起搏器、人工肺等等,通常不会纳入"药物"的范畴,不属于医保报销的范围,故本书不再讨论)。

　　这样的理论,主要有两个原因:首先,药品在整个医疗费用中所占比重极大。尽管不同的科室、疾病存在差别(比如,内科患者的费用中,药物所占的比例就高于外科患者),但通常都在 20% ~ 40% 之间;有些需要终身服药的慢性疾病,如高血压、糖尿病等,药占比甚至高达 50% 以上。不夸张地说,把住了药占比,也就等于攥住了医疗费用的命脉。正因为如此,我国近年来要求公立医院将药占比尽可能地压缩到 30% 以下,就是一个清晰的思路。当然,药占比也会一定程度上影响到医生根据患者实际需要来选择药品,出现"高价药物该用却不敢用"的风险。2018年 10 月,国家医保局就明确表示,将逐步改变对药占比直接考核的方式,尽可能降低因为药占比而给抗肿瘤药物进入医保带来的阻碍。

　　其次,相对治疗费、其他费用而言,药械费的组成中,人为因素较大。对于一种疾病,往往有很多种治疗方案,也就是选择不同的药物或几种药物的不同组合;即便是同一种药物,不同生产厂家的价格往往也有差距(如进口的原研药物,就比国内的仿制药品通常贵很多)。换句话说,选择不同的药物,直接影响到医疗费用的高低。

　　最重要的是,在治疗方案的选择上,存在严重的信息不对称:考虑到疾病的高度复杂性,医疗是一个非常依赖于专业知识和经验的活动,而医生在这方面的能力显著的超出一般患者,因而在决定治疗方案上,医生必然占主导地位。也就是说,尽管患者有权拒绝某个治疗方案,但实际上囿于自身的知识所限,根本无法比较治疗方案的优缺点,最终拍板的还是医生。因此,如果医院、医生为了自身的利益,违反医学常规,人为的选择较贵的药品,或者开出一些并不需要的药物,则会损害患者、医保机构的正当权益,而且还很难证明其操作不当。

无须讳言,我国过去一段时间里,确实在少数地区存在上述现象。一些药品生产企业,为了保证自己的药品能够更好地占领市场,还会让一些员工担任"医药代表",向医生进行各种感情投资甚至利益输送,以商业贿赂的方式干预医疗,促使医生多开药、开贵药,间接的加重了广大群众的看病难、看病贵的问题。在司法实践中,还是能看到极个别的医生,因为收受药品企业贿赂而犯罪入狱的案例的。这些人的行为,严重损害了医保工作的正常秩序,也给医疗保险改革提出了问题:如何从制度上降低这种医生故意超越患者需求开药的问题呢? 换句话说,如何在博弈中确保医院、药厂,都能获得自己应得的利益,而不侵害患者、医保机构的利益。

总而言之,医疗费用的构成,直接关系到有关各方的利益,而且这些利益在一定程度上彼此还存在矛盾,这就是研究各方博弈的基础。

6.2.3　博弈的必然后果

有了上述分析之后,我们再回头来看对医保的评价和期待,就很容易得出一个结论:不可能找到一个让所有各方都满意的方案。

具体而言,我们可以用图 6 - 1 来解释。

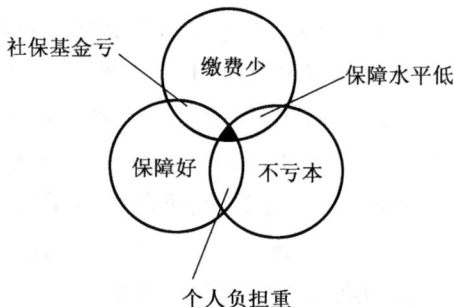

图 6 - 1　社会保险中的"不可能三角形"

对参加保险的个人而言,如果个人缴费少、保障水平高这两个诉求都得以实现,结果就是大量的医疗费用必须由社保基金承担,从而导致社保基金的大面积亏损。在国内外一些国家和地区都做过类似于"免费医保"的尝试,结果无一例外,都是医保基金在很短时间内就亏空严重,不得不紧急叫停。关于这一部分,我们将在第 11 章中再详细讨论。

而如果既要保证社保基金不亏本、可以维持,又要保证社保的保障水平较高,则个人就必须承担较多的费用(体现为报销范围之外的个人自付部分较多);类似的,在保证社保基金不亏本的同时,又要让个人的缴费不高,就只能享受较低水平的保障,大多数复杂的疾病得不到医保的保障。我们的邻居印度,实质上就是更接近于后者这种医保,公立医院成了一种"安慰性"的医疗机构;而美国则更接近于前者这种医保模式,个人承担的医保费用居高不下,成为一个家庭中重要的支出,从而也直接导致了奥巴马推出了美国的医保改革。

而如果让 3 个目标都得以满足,也就是上图中 3 个圆形交界的黑色"三角形"地带,恐怕只有依赖强大的外部力量注入,也就是国家不断地给社保基金追加投入巨额资金——在一个正常的社会秩序中,这显然是很难实现,至少不会经常发生。事实上,我国财政确有数次向社保基金追加注资的举措,但其目的更多的是为了解决养老金账户缺口的问题,而非医保中的费用分摊问题。

新闻链接:

2018 年 12 月 26 日,财政部发出通知,将其持有的太平保险公司的 10% 的股权,一次性无偿划拨给全国社会保障基金理事会。社保基金会以财务投资者身份享有划入国有股权对应的股权收益等相关权益,不干预企业日常生产经营管理,此次划转不改变太平集团原国资管理体制。在此之前,2017 年,中国人民保险集团股份公司的 10% 的股权,也由财政部一次性、无偿划拨给社保基金。此举有助于充实社保基金,应对人口老龄化给社保基金带来的压力。

所以,这种假设也被称为"不可能三角形",意思是任何时候,最多满足三角形的两个顶点(也就是满足其中两方的诉求),第三方的利益则作为代价被牺牲掉,不可能三角形的三个顶点都得以实现。这也就是从"零和博弈"理论中引申出的必然结果,无论我们是否承认,这一点都是不能逆转的,至少以目前人类的科学技术水平来说是无解的。

6.2.4　博弈中各方的最优策略

在博弈论的理论中,博弈可以分为单次博弈和多次博弈。对于医保各个参与方而言,肯定不是一锤子买卖,而是多次博弈;也就是说,各方将长期的、反复地对医保基金的利益分配问题,进行协商和调整。

因此,对于各方而言,最优的策略就是尽可能地寻找同盟,类似于打麻将时的两家"结盟",从而依靠抱团的力量获得竞争优势。比如,药品企业和医疗机构结盟,就可能从医保机构结算中获得更高的收益(详见 6.2.2 所述);医保机构和药品企业结盟,就可能让医院从中无法分到额外的利益(详见第 9 章有关药品采购策略所述);医疗机构和投保人结盟,也能从医保机构中获得更多的收益(比如,无必要的延长住院时间)——唯一不可能的,就是医保机构和投保人结盟,这是因为投保人是一个集合概念,实际上是亿万个具体的个人组成的,不太可能与医保机构有形成合意的机制。

6.3 本 章 小 结

本章解读了在社会保险,尤其是医疗保险中,参与博弈的各方力量:医疗机构,患者(投保人),药品生产企业,医疗保险机构。他们的利益里有一致的地方,却也有很多不一致、互相排斥的地方,因为 4 方博弈的本质是一个零和博弈,一方收益的增加必然意味着他方收益的减少。

此外,我们分析了医疗费用的基本构成,主要由药物费用、治疗费用、检查费用和其他费用四部分组成。而在这 4 部分中,药物费用占比重很大,又存在信息不对称和代理人问题造成的交易不透明,因而是各方利益博弈的焦点所在。

从四方博弈中,我们又引出了"不可能三角形"的概念,解释了为什么"又便宜又管用"的医疗保险是不存在的。从本质上认识到这种"不可能三角"的客观性,就不会提出不切实际的要求,而是把重心放在如何平衡医保中的博弈各方的利益诉求上。

第 7 章　医保中的保费价格形成机制

本章将具体探讨医疗保险中的保险费的形成机制。也就是说,当某个劳动者,同时也是社保的投保人向医保机构投保时,他应该缴纳多少钱呢? 通常,把这个机制称为"保险费率"或者"医保费率"。

7.1　医保费率的影响因素

考虑到交易成本的问题,这里讨论的医保费率,当然不必细到个体,而是将所有参保人视为一个整体,再将其划分为若干群体,分别讨论费率的形成机制。这个机制实质上相当复杂,不仅需要考虑医学因素,也必须考虑经济因素,同时还得顾及社会影响,通常只能是各个方面考量互相折中后的产物。

7.1.1　年龄和性别的影响

第 5 章以经济学家的思维方式分析了保险的本质,就是针对不同风险开出不同费率任人购买,从而将风险分散开来承担的机制。决定保险费率高低的最主要因素,就是某个特定的事件(生病、死亡、发生意外事故等等)出现的概率,概率越小,相应的保险费率也越低;其次,还取决于参保的人数,人数越多,则保险机构(如商业保险公司、医保中心)的固定成本(参见本书第 2 章的 2.1 节)就能够分摊得越广,从而降低每个参保者(投保人)所承受的分摊成本,间接地降低总体费率。

然而,除了上述因素之外,医保费率还会受到其他一些因素的影响。

首先,年龄就是一个最重要的影响因素。早在 1692 年,英国天文学家、数学家埃蒙德·哈雷(Edmond Halley),就提出了人类历史上第一张《生命表》(Life table,有时候也叫作《死亡表》),根据十年间的统计数据,精确估算出了不同年龄段的人,发生死亡的概率。因为当时的科学技术还未昌明,医疗手段非常有限,新生儿和老年人往往很容易被病患夺走性命;成年人类则稍好一些,但死亡概率也依然较大。不管怎样,这张表格提醒了当时的保险业者一个客观事实:将同样的保险卖给不同年龄段的人士,保险公司所承担的风险实际上是有巨大差别的。

今天,人类的医学技术水平已经有了飞速的发展,新生儿、幼儿的死亡概率急剧下降。然而,衰老是一种人类目前尚不能克服的客观规律,随着年龄增长到一定程度,人体的很多机能都开始逐渐下降,包括免疫系统功能降低和机体自我修复能力的衰减。因而,心血管疾病、糖尿病、恶性肿瘤等等严重的疾病,发病率的确是随着年龄的增长而有所增加的。实际上,有医学专家指出,当某个人活到90岁时,其体内完全找不到一个肿瘤,反而是一件非常少见的事情。

因此,伴随着投保人(劳动者)的年龄增大,医保出现赔付的概率当然是随之增加的,只不过这个增加的趋势大小存在个体差异。那么,对于医保机构而言,该不该按照年龄段分组,对不同年龄的投保人,按照不同的比例征收保费呢?

事实上,商业保险里的人寿保险,还真就是这么操作的,对于不同年龄段的投保人划定不同的费率,甚至连男女缴费的费率都不一样。表7-1即为国内某保险公司的保险费率真实数据。

表7-1　某保险公司的人寿保险费率表

年龄	保险费(每年缴纳的金额,单位:元)	
	女性	男性
20	50	120
25	70	170
30	110	260
35	170	400
40	270	610

该保险属于寿险,约定的保险赔付条件(也就是特定事件)是投保人身故或全身残疾,赔付金额为10万元;保险期限为20年或30年或年满70岁,为简化起见,下表中仅列出了保险期限为20年的情况。保险缴费方式为按年缴纳,一共缴纳20年。

从表7-1中不难看出,随着年龄的增长,保险费的增加趋势非常明显,40岁的人投保,费率已然是20岁的人投保的5倍。而女性因为平均寿命较高(可能与男性普遍有吸烟、喝酒等不良嗜好有关,也可能和女性较少从事危险行为有关),出现赔付的概率较小,因而保险费率大致只有同年龄段男性的42%左右。

那么,为什么该表只有40岁之前的数据呢?因为该保险公司规定,该险种并不接受40岁以上人士的投保,这可能是因为这部分人群的死亡风险已经比40岁以下的小伙子、小姑娘要大很多了,保险公司不愿意承担更大的风险。

对于商业保险公司而言,这样的保险条款无可厚非,毕竟,保险的法律地位就是合同,而合同是双方平等协商、自愿缔结的结果,谁也无权强迫保险公司要平等地对待不同年龄段的投保人。然而,对于社保而言,其公益、兜底、社会福利的属性,使得社保不能在费率上采取年龄歧视的策略,也不能在性别上设置不同的费率。

比如,我国目前的医疗保险,对于不同年龄、不同性别的参保职工,均设定为个人缴纳工资的 2%,用人单位缴纳其工资的 6%,合计为该职工当月工资的 8%。(至于为什么以个人工资作为计算基准,我们下面还会加以详细讨论)。这就体现了社保的公共属性,但也为社保的正常、平稳、可持续运行提出了一个挑战:年轻的投保人,实际上补贴了年老的投保人一部分保费。然而,考虑到人人都会有衰老的过程,只要政策在较长时间内稳定不变,则某人在年轻时吃过的亏,就会以他在年老时占到的便宜作为补偿,总体而言,大致还是很公平的。(当然,还得考虑通货膨胀、社会经济发展、医疗技术进步等等因素,本书不再展开讨论。)

7.1.2　职业和行为因素

除了年龄和性别之外,影响到医疗保险费率的另一个重要因素,就是投保人的职业和行为因素。

有些职业因为风险太大,一些商业保险是将其明文列为“拒绝承保”的对象的,如潜水员、杂技演员、战地记者甚至执行作战任务的士兵,或者对其提高保险费率。这是因为这些特定职业的人,在工作中发生意外死亡的概率要远远高于普通劳动者,增大了保险公司赔付的风险。

还有一些人,因为具有许多不良的生活习惯,如长期吸烟、酗酒甚至吸毒,当然也会导致其保险风险更大,理应通过提高保险费率来补偿。然而,保险公司往往很难获得这些信息,只能通过体检中排除一部分高风险人士。相反,如果某人保持良好的运动习惯,身体指数(BMI)一直控制在适中的区间,则此人罹患心血管病的风险,要比普通人小一些,比肥胖的投保人小很多,接受他的投保,对于保险公司而言是有利可图的。实际上,如今有些保险公司,非常热衷于组织、赞助投保人进行体育活动,恐怕也有这方面的考量。

此外,从某个人的既往病史上,也能大致地判断出此人的健康状况和今后再次发生重大疾病的风险高低。比如,当某人罹患癌症之后,即使当时得到了有效治疗,5 年之内癌症复发,或在其他部位新发癌症的概率,还是比普通人高很多的。在这种情况下,商业保险公司往往会提高费率,甚至拒绝承保此人的医疗保险。

当然,对于社保而言,上述差异统统都不是医保机构要考虑、能考虑的问题:费率对每个人都是一样的,真正做到了医保面前,人人平等。这体现了我国社会主义制度的核心价值观,也是和谐社会的必然要求。如果我国采用类似美国的医保制度,则必然加重一部分弱势群体的负担,让因病致贫成为一种常见的现象。

7.2 医保缴费的模式差异

在确定了一个固定的费率标准之后,我们还必须为医保的缴费,做出一个重大的选择:对于不同的投保人,是都按照绝对数值来缴纳保费呢,还是按照相对工资总额来缴纳保费?缴费是直接和个人的账户挂钩,还是纳入所有参保者的基金池中?这几种模式,哪一个更适合我国的情况呢?

7.2.1 绝对数值式缴纳

所谓绝对数值式缴纳,指的是所有投保人,无论其工资收入高低、财产状况如何,统统按照医保机构厘定的费率,每年缴纳一个固定金额的保险费用。

这种方式的优点,是完全体现了投保人之间的平等:所有人交一样的钱,所有人也都享受同等的医疗保险待遇,谁也没有占谁的便宜,计征方式简单易行,更容易为群众接受。

而这种方式的缺点,则是完全没有体现出社会保险与商业保险在公益性上的差异。社会保险的重要作用,就是为那些经济条件较差、承受能力较弱的个体,提供额外的保障,而不是绝对的平均主义保障,以免将低收入人群拒之门外。因此,势必就会要求高收入群体承担更多的社会义务,以较高的个人缴费,来间接地弥补低收入人群抵抗风险能力薄弱的缺憾,促进社会的和谐发展。这一点与个人所得税的征收逻辑是相似的。

当然,这种制度安排,还利于以较低的价格来吸引参保,扩大参保的总体人数,实现规模经济,降低所有人的医疗成本。尤其是在互联网信息技术发展的背景下,参保人的规模扩大,对于整体成本降低是有明显的帮助的。

7.2.2 相对数值式缴纳

正因为绝对数值征收有一些问题,我国目前的医保缴费模式,是选择以投保人的月平均工资来作为基数,统一按照个人2%和单位6%的模式进行征收。久而久之,一些收入较高的人群就会觉得自己的利益没有得到平等的保护,因而对此颇有微词,特别是在经济增速放缓时更是如此。

然而,这种模式又是最能实现医疗保险"兜底"效果的方式之一。当然,为了实现这个目标,还必须防范用人单位与员工合作,将每个月的收入中的大部分,作为"年终奖金"发放,少量的部分才作为工资发放,从而造成事实上的少交医保费用(奖金不算在医保缴费的基数之中),有损医保基金的可持续性——尽管会让员工和企业双方都得到一定比例的实惠。总之,相对数值式缴纳社保费用,具体费率的厘定,需要特别谨慎地斟酌,在经济增速不同时还需要及时调整,在效率和公平之间求得平衡。

7.2.3　社保基金池的组成逻辑

如果说医保费率考虑的是"缴多少"的问题,那基金池是否存在,讨论的就是医保资金"怎么用"的问题了。

正如前文所述,保险的基本原理就是风险的分散和分摊,遵循大数定律来确定费率。显然,如果没有基金池的机制(把所有投保人的保费集中起来使用),保险就变成了个人储蓄,仅靠利息和投资性收入,是远远不能抵抗意外事件带来的风险的,就完全失去了保险的作用。

然而,这就引出了一个新的问题:如果有了基金池,却不能按照每个人缴纳到池中保费份额,公平的予以保障,则出钱较多的投保人就会觉得自己的利益受损,也会倾向于不再投保,或只缴纳较少的费用,从而让基金池里的基金越来越少,久而久之,非常容易出现"劣币驱逐良币"的恶性循环。

在商业保险中,往往会对投保费用分成几个档次管理,相应的赔付金额也有很大的差异,实现了对投保人之间的公平,避免了"搭便车"现象,所以基金池并不会引起投保人的不满。而在社保之中,为了体现普惠性,对于缴费不同的投保人,却并不能予以订立不同的报销标准,这个问题就非常棘手了。

目前,世界各国和地区的解决方案,无外乎有如下几种:依靠该国家或地区其他渠道的资金注入资金池,从而稀释缴费较多者遇到的不平等待遇;将医保划分为个人账户与社会统筹账户两部分,个人账户中的资金只供投保人自己使用;强调医保的社会保险属性,坚持所有投保缴费的统筹使用,但只保证较低水平的、基础性的医疗需求。三种模式,很难说清楚那种更为优越,需要结合所在国家和地区的经济发展水平、人口、年龄结构等等因素来综合考虑。我国目前采取的是第二种模式,即:个人缴纳的部分(2%)全部进入个人账户,单位缴纳的部分(6%)则进入资金池,作为社会统筹使用。

7.2.4　几种缴费模式的比较

那么,究竟哪一种模式,效果更好,更适合我国国情呢?

从目前的情况看来,相对数值式缴纳标准,更能适应我国的社会主义制度,做到经济效果和社会效果的统一。这种缴费模式,的确会让高收入人群有所吃亏,起到了实际上的二次分配的作用。

不妨来看看目前的社保缴纳规则:个人缴纳部分,全额纳入个人的账户;单位缴纳的部分(工资总额的6%),则纳入当地的全社会基金池中,即统筹账户。那么,假设职工甲月工资为 4 000 元,则单位为其缴纳的医保参保费用为 240 元;而职工乙的月工资为 12 000 元,则单位为其缴纳的医保参保费用为 720 元,两者相差了三倍之多。然而,如果甲、乙二人差不多同时生病住院,医保报销的比例和纳入报销的费用标准上却没有任何差别。不难看出,尽管两者的缴费比例都相同,享受的医保待遇也相同,乙实际上还是没能得到与其付出相应的回报,对其投保积极性当然会有负面影响。这在商业保险中,是不可想象的事情,但社保却做到了,这也再次体现了之前我们提到的一个观点:

在效率和公平之间,社会保险的选择是"公平优先,兼顾效率"。

此外,不同地区之间的社会平均工资水平不同(比如,深圳市人社部门公布的数据,深圳市 2017 年的平均工资为 100 173 元/年,而郑州市的数据则为 70 486 元/年,两者相差近 30%),缴纳的社保费用当然也就有较大的差异。倘若某人曾在深圳市工作多年并参加医保;后此人移居郑州市工作、生活,如果需要报销医疗费用时,就会出现一个矛盾:到底是按照深圳市的医保标准报销呢,还是按照郑州市的标准报销?

这里,就给制度的设计者提出了一个两难的问题:如果规定按照领取养老金、报销医疗费用时的实际居住地的标准来办,就可能鼓励不诚实的"养老移民",也就是在欠发达地区工作多年的人,接近退休时移居发达地区,享受标准较高的社保,从而导致"少缴多拿"的套利现象;而如果规定一律以缴纳历史为准来设定报销标准,又和鼓励人员自由流动的政策相违背,不利于充分就业和经济发展。

为此,我国正积极推行"社保异地转移、接续"制度,相信能在一定程度上缓解这种尴尬的局面。然而,只要不同地区之间的平均工资水平依然存在差异(而这几乎是可以确定长期存在的),对于建立一个全国性的社保统合基金,就多少都会有所干扰。

总而言之,从经济学的角度来审视目前的医保制度,确实还存在诸多挑战,而且还是牵一发动全身的问题,恐怕很难轻易解决。

7.3 补充医保的意义

7.3.1 补充医保的定义

我们都知道,在社会保险,也包括医疗保险之外,当然还存在商业保险。而商业保险的承保范围、保障力度都和社会保险存在差别,而都有各自存在的价值。那么,这两者之间,除了并行不悖之外,能否实现合作呢?

答案,就是补充医疗保险。

首先,社会保险体系中的医疗保险,因为费率较低,且对投保人的条件不加以限制,所以其总体的赔付比例往往是比商业保险低一些的。因此,如果某人追求对风险的充分释放,社保并不能满足这个需求。具体而言,体现为报销之后的自付部分,依然数额较大,对于投保人及其家庭而言,还是存在着保障不能充分到位的问题。

其次,社保的保障能力不足,还体现在一些较为昂贵的医疗项目不被纳入报销范围,其费用无法得到报销。特别是有较为廉价的替代医疗方案(如仿制药、效能类似的药物)的情况下,这种情况尤为明显。总之,社会保险下的医疗保险,必然是只负责"必要"之上的部分,即仅对生死攸关的患者的治疗方案报销,不对那些"治疗效果更好""患者生存质量更高"的治疗方案负责,也就是说,社保体系中的医保,仅仅雪中送炭,绝不锦上添花。

第三,对于上文提到的个体缴费数额差异的问题,用商业保险则提供了一个选择:在缴纳了必需的社保费用之后,高收入人群可以自由决定是否为自己购买更好的保障,以便在意外情况真的发生时,能够享受到更好的、更有效的医疗服务,让自己的劳动成果更好地保护自己和家人,也是一种价值观上的自我实现,在公平之外体现了效率。

应运而生的,就是被称为"补充医疗保险"的制度设计。这种保险属于纯粹的商业保险,完全由投保人自愿决定是否购买。在承保疾病的范围上,这种保险也会特意与社会保险错开,通常只针对非常严重的疾病,如恶性肿瘤、急性心梗、深度昏迷、严重烧伤等等,所以往往又被称为"大病补充医疗保险"。这种补充医疗保险,赔付的方式也往往与医保不同:社保体系中的医保,多数地区处理赔付的方式,是先由患者及其家属垫付医药费,然后由医保机构报销;也有一些地区是在缴费时,直接扣除医保应该负担的部分,剩余部分的费用才由患者及其家属交给医院;而补充医疗保险,则往往会选择根据不同的疾病种类,直接一次性的赔付一个固定的金额给投保人及其家属,比如,恶性肿瘤赔付 20 万、心肌梗死赔付 8 万元等等。这样的好处,是减少了投保人及其家属,在遭遇重大疾病时要垫付费用的困难,同时也减轻了保险公司核保、理赔上的麻烦(在社会保险的医疗保险中,赔付是需要将所有的医疗费用票据一一过审,按照规定的范围确认哪些项目可以报销、报销比例多少,整个过程相当烦琐)。

7.3.2　补充医保的意义

对普通的投保人而言,补充医疗保险的意义,就恰好如同它字面的所指的那样:作为社保下的医疗保险制度的有益补充。

这首先就是说,社保体系内的医保,和商业性质的补充医疗保险,互相不可替代。补充医疗保险的覆盖面较为狭窄,通常只限于严重疾病。此处所说的"严重疾病",和我们平时的理解是不同的。比如,表 7 - 2 中就是国内某保险公司的补充医疗保险中认定的重疾和轻症。

表7-2 某保险公司对补充保险中的轻、重症认定范围

重疾	轻症
1. 恶性肿瘤	1. 原位癌
2. 急性心肌梗死	2. 听力严重受损
3. 脑中风后遗症	3. 昏迷48小时
4. 重大器官移植术或造血干细胞移植术	4. 单眼失明
5. 冠状动脉搭桥术	5. 中度帕金森病
6. 终末期肾病(慢性肾功能衰竭尿毒症期)	6. 可逆性再生障碍性贫血
7. 多个肢体缺失	7. 中度溃疡性结肠炎
8. 急性或亚急性重症肝炎	8. 中度肌营养不良症
9. 良性脑肿瘤	9. 中度阿尔茨海默病
10. 慢性肝功能衰竭失代偿期	10. 中度瘫痪
11. 脑炎后遗症或脑膜炎后遗症	11. 早期运动神经元病
12. 深度昏迷	12. 中度脊髓灰质炎
13. 双耳失聪	13. 单侧肺脏切除
14. 双目失明	14. 胆道重建手术
15. 瘫痪	15. 双侧睾丸或卵巢切除术
16. 心脏瓣膜手术	16. 慢性肾功能障碍
17. 严重阿尔茨海默病	17. 慢性肺病
18. 严重脑损伤	18. 单个肢体缺失
19. 严重帕金森病	19. 主动脉内手术(非开胸手术)
20. 严重Ⅲ度烧伤	20. 植入大脑内分流器
21. 严重原发性肺动脉高压	21. 心脏瓣膜介入手术(非开胸手术)
22. 严重运动神经元病	22. Ⅲ度房室传导阻滞-已放置心脏起搏器
23. 语言能力丧失	23. 于颈动脉进行血管成形术或内膜切除术
24. 重型再生障碍性贫血	24. 心包膜切除术
25. 主动脉手术	25. 中度脑炎或脑膜炎后遗症
26. 严重多发性硬化	26. 硬脑膜下血肿手术
27. 严重冠心病	27. 严重阻塞性睡眠窒息症
28. 严重类风湿性关节炎	28. 较小面积Ⅲ度烧伤
29. 严重慢性呼吸功能衰竭	29. 因意外毁容而施行的面部整形手术
30. 进行性核上性麻痹	30. 轻微脑中风
31. 特发性慢性肾上腺皮质功能衰竭	31. 不典型心肌梗死
32. 埃博拉病毒感染	32. 早期肝硬化
……	……

在表 7-2 的右侧一栏中,我们可以看到原位癌、单眼失明、中度瘫痪、单侧肺脏切除、主动脉内手术、双侧睾丸切除等对人的身体机能损害极大的疾病、症状,但依然是被视为"轻症"对待的,赔付金额通常仅仅在 5 万~6 万;更重要的是,这种保险的范围是采取"白名单"式的逻辑,如果某种疾病在表格中没有明确列出,则商业保险不会对其给出任何赔付。

相反,社保体系内的医疗保险,对保险责任采取的是"负面清单"式的逻辑,也就是列举出医疗保险不负责报销的疾病、症状,除此之外,默认予以报销、赔付,实际作用的范围要宽广得多。目前,我国医疗保险中不予以报销(赔付)的医疗费用,通常只限于单纯为了美容、体检、保健等并非性命攸关的医疗项目。换句话说,绝大多数疾病,都是被医保的体系所保障的。

此外,商业保险的投保费用,比社保体系内的医疗保险高出很多。比如表 7-1 中的那个保险体系,大约每年的缴费金额为 8 000 元,需要连续缴纳 20 年,合计为 16 万元。而对于一个年收入 12 万元的职工而言,其一年缴纳的社保医保费用,大致也才 2 400 元左右。此外,这 12 万元收入中,显然有一部分是带有奖金性质的,不是基本工资,所以实际缴纳的医保费用还会更少一些。两者相比,不难看出投保费用的差距来。

因此,我们显然不能用商业保险、补充医疗保险来代替社保体系内的医疗保险。在我国一些地区,有些企业逃避为职工参保的责任,改用购买补充医疗保险来应付职工,实际上是非常不道德的行为。一旦职工遇到重大疾病,很可能发现商业保险并不覆盖此类疾病,自己的负担就会非常的沉重。

反过来说,我们也不能用社保体系内的医疗保险,去否定商业性质的补充医疗保险。正如前文所述,对于特定的重大疾病而言,补充保险在保障力度上较医保更强,能够有效地避免投保人及其家庭因病致贫的问题。随着医学技术的发展,一些新出现的治疗手段能够解决之前无法应付的疾病,如靶向治疗、器官移植等等,但这些新技术的价格都相当昂贵,往往不被社保体系下的医保所覆盖,就正是补充医疗保险大显身手的领域。

其次,发展商业性质的补充医疗保险,有利于厘清社会保险的边界,促进社保改革的推进。也就是说,补充医疗保险的存在,能够帮助广大群众更清晰的理解政府责任和个人责任之间的分界(政府只管基本的生存问题,个人有责任为自己的幸福生活去奋斗),中央和地方之间责任的分界(中央财政作为第一支柱,地方财政作为第二支柱),避免出现社会福利太好而影响社会发展动力的尴尬(在北欧一些国家已经有类似苗头),最终,推动整个社保事业和社会经济的协调发展。

另外,社保体系下的医疗保险采取的是"实报实销"的支付模式,对于患者在养病期间的收入损失、护理费用并无体现。而发生重大疾病之后,随之而来的往往是投保人劳动能力和工资收入的下降,给自己和家人的生活带来额外的负担,则几乎是不可避免的问题。而补充医疗保险采取一次性给付保险金的模式,恰好可以填补这块空缺。

总之,从目前的发展趋势来看,商业性质的补充医疗保险,将会在今后很长的一段时间里继续存在,成为社保体系中的医疗保险制度的有力补充和伙伴。

7.4　本　章　小　结

医疗保险的费用形成机制,与投保人的年龄、职业、健康状况等因素都有关系。

随后,我们讨论了医保缴费的不同模式:是每个人按照相同的金额缴纳,还是按照工资来缴纳数额不等的医保保费。两种模式都有各自的优缺点,前者有利于效率,后者更倾向于公平。而我国目前采取的是后一种模式。

在缴纳的保险费用去向上,又有个人账户和基金池两种模式,我国采取的是两者并行的模式,并以基金池为主,对社保资金统筹使用。在讨论了上述三个问题之后,我们能从社保体系下的医疗保险和商业保险体制下的费用形成机制的差异之中,更深刻的认识社保的公益、兜底属性,理解社保为何会具有一定的强制性。

最后,我们讨论了商业保险的内容和作用,特别是大病医疗补充保险与社会保险体系中的医保之间的关系。商业保险在保障范围上,比社保的医疗保险要狭窄,缴纳的费用也相对更高;相应的,其对于特定的重大疾病来说,对投保人的保障力度更大,赔付手续也更灵活高效。因此,商业保险有其存在的独特价值,能够成为社会保险体系中的医保的有力补充,还能为社会保障制度的改革起到宣传和教育的作用。

总之,社会保险体系下的医疗保险,无论是其保费形成机制还是保障范围,都决定了它必然是整个社会医疗保险的中坚力量,承担了绝大多数社会成员的医疗保障任务,甚至还起到了促进社会和谐、稳定的辅助作用。从这个意义上说,它的社会学意义,要远远超过其经济学意义。在深化改革的大背景下,社保、医保的改革也是必然的,在坚持社保普惠性、福利性的前提下,相信会对其效率有多层次的体现,保证社保基金的稳健运行。

第 3 篇　医疗保险中的经济学评价

第8章 医保的支付模式

上一章讨论的是医保的"收入"模式,并粗略的划出了医保"支出"的范围。本章将要详细的讨论医保的支付模式,并从博弈论的角度,探讨医保各方会采取何种策略。

8.1 医保不覆盖的部分

本节内容将要从列举各国社保体系的医疗保险中,有哪些费用是不予以覆盖(报销)的,并讨论这种规定背后的经济学逻辑。

8.1.1 医保全覆盖的问题

为什么医保就不能做到无死角的全覆盖,或者说,随着社会、经济、科技的发展,逐步做到覆盖所有疾病呢?

这种想法,实际上也是有其合理性的。单从报销比例来看,医保中对于大病的报销比例已经很高,相反,不予报销的费用中,却有挂号费这类几块钱的费用,在总费用的盘子中所占比例很小。如果医保基金把这部分"小钱"也纳入报销范围,并不会显著的增加开支。

实际上,回答这个问题的,还是经济学的基本概念:理性人假设和交易费用理论。

如果某个国家或地区,对参加医保者的所有费用全部予以报销,则参保人自己承担的经济成本就非常的低(当然,因为就医而花费的交通费、时间损失还是得自己承担的)。这样,有一部分投保人,就会非常随意的就医,哪怕只是感冒、头疼之类的小毛病,反正买单的是医保基金。

还有一种更可怕的风险,就是有宵小之徒借此漏洞而套利。也就是说,不法分子首先通过谎报病情而骗取医生开药,然后再将这些药物以极低的价格卖给他人,谋取不义之财。尽管他们的获利往往很有限(这种回收的药品无法再流入医院、正规药店,只能流向地下市场),但给医保基金带来的损失却往往是很大的,同时也侵害其他守法参保职工的正当利益,产生了负外部性。

链接：

2018 年 12 月 19 日央视新闻：

2018 年 12 月 18 日，北京市海淀法院对一起诈骗案做出宣判。被告人宋某、姜某，发现持有《工伤证》的人，属于享受特殊的工伤保险，在骨科看病时，可以享受全额报销药费的待遇，遂非法收购了 4 名同案被告人的工伤证、社保卡等资料。随后，宋某、姜某二人多次在北京多家医院骨科看病，谎报病情后骗取医生开药，随后将药物转手出卖。在短短 7 个月的时间里，二人共骗取价值 44.6 万元的药品，非法获利 10 万余元。二人分别被法庭以诈骗罪判处有期徒刑 6 年、罚金十万元，并责令向医保机构退赔非法所得 44.6 万元。4 名出借《工伤证》的被告人，因有自首情节，均被从轻判处有期徒刑 1 年、缓刑 1 年。

理论上说，对于这种违法行为，医保机构、医疗机构都可以加强监管，从而减少其发生风险。然而，任何监管措施，都是需要成本的，包括人力物力方面的开支，和整个医保报销流程被浪费的时间成本。更何况对于前一种"小病大治""小病大养"的行为，有时候也是很难认定的，毕竟，人体不同于机器，要完全准确的判断治疗的必要性是几乎不可能完成的任务。要从制度上防范这种风险的发生，就必须运用经济学的原理，让患者自己的切身利益，至少有一部分和医保基金重合。

8.1.2 预防患者共谋的风险

此外，正如 6.1 章提到的那样，四方博弈之中，如何避免医院和患者的共谋，也是一个非常重要的任务。如果医保机构对部分患者允许全额报销，无论开支多少都不是患者及其家属承受，则这部分患者对于药品价格就毫无敏感性了。假设此时医生提出多开一些并无实际必要的药物（如辅助用药），或者开同品种中较为昂贵的药物，患者并不会因而利益受损，所以没有制止、举报的动力，甚至漠不关心。倘若这其中还有药厂的销售人员的参与，整个博弈就变成了"三缺一"，对于医保机构控制费用的努力极为不利。

另外，按照交易费用的理论，在信息不对称的情况下，交易费用是很难避免的。而在支付医疗费用的场合，医保机构、医生和患者三方，信息就是存在严重的不对称的。因此，医保机构不得不加强对收费票据的审核，这种审核当然也会产生成本（审核人员的工资，以及整个医保报销流程的时间成本）。如果某一次医疗的费用很低，甚至还不足以抵偿审核带来的成本，从经济学的角度上说，当然最好就是放弃审核，直接对这种小额的医疗费用予以报销。

然而，这种放纵显然会被不法分子盯上，从而成为他们新的"富矿"，通过蚂蚁搬家、聚沙成塔的方式，用大量的小额医保费用票据，骗取医保基金的财产。这样一来，医保基金就会面临一个两难的局面：不严格审核，无法控制骗保的风险；严格审核,成本太高,甚至可能出现审核了亏损更大的尴尬局面。

新闻连接:

据中新网消息,广东省阳春市法院于 2014 年,对骗取医疗保险的被告人杨状判处有期徒刑 12 年。杨状搜集了同村 28 名村民地社保卡、身份证,由同伙伪造住院病历和医疗收费票据,2 年之内疯狂作案,骗取社保基金和保险公司报销费用,涉案金额高达 119 万元,"蚂蚁搬家"式的侵吞社保基金,影响非常恶劣。

有鉴于此,各国社保性质的医保机构,都采取各种措施来防范这种道德风险,其主要手段有起付线制、共同付费制和最高限额制。

8.2　起付线制度

8.2.1　起付线的益处

因此,各个国家、地区的医保机构,普遍都规定了一个"起付线"的原则。也就是说,对于单次金额低于一定程度(比如,1 000 元人民币)的医疗支出,不予报销,由投保人自行承担;对于单次金额达到起付线的,线上部分予以报销,线下部分依然由投保人自行承担。在商业保险中,这部分由投保人自行承担的费用,就叫作"绝对免赔额"。

当然,这部分花销并不一定需要用现金支付,而是允许投保人用医保中的"个人账户"里的余额来支付,实际上花的还是自己的钱,和患者的个人利益挂钩。

有了起付线制度,对于上述小病大治的行为,就能起到明显的遏制作用。因为经过检查后,发现并无什么疾病的患者,医生通常不会开药,或者简单的开一些安慰剂(也就是没有明确的治疗效果,但也没有明显副作用的药物,纯粹为了安慰患者的心灵而使用),其费用通常都不会很高,正好落在了起付线以下,完全由投保人自己承担。此刻,如果这个投保人是个经济学意义上的理性人,显然就不会再重复此类收益为负的闹剧。

同时,起付线的存在,让投保人无论如何也要分摊一部分费用(低于起付线的成本部分),总会存在支出,就能够让其产生清晰的成本意识,主动地考虑降低医疗费用。这样一来,投保人就有了足够的动力抵抗不合理的医疗费用开支,包括医院和药厂的共谋风险,从而有效的控制总体医疗费用不合理增长的风险。

理论上说,即便没有起付线,绝大多数品行端正、心地善良的投保人也不会去做这种滥用医保的事情。然而,从经济学角度来看,如果不能对这极少数滥用医保的行为加以抑制,劣币驱逐良币就是迟早发生的事情,破窗效应①也必然会出现。

此外,起付线制度的存在,还有助于降低交易成本。对于那些金额较低的医疗费用直接拒绝报销,医保机构就省下了审核这些费用合理性的交易成本。事实上,审核一张 50 元的医院收费票据,并不比审核一张 5 000 元的票据省力多少;医保机构把有限的资源放在对后者的审核上,显然是更经济、更合理的做法。

8.2.2　起付线的弊病

当然,起付线制度并非完美。它具有能让成本得以控制的优势,却也会带来一些令人遗憾的弊病。

首先,起付线应该划在多少钱算合适? 划得太高的话,大量的、零星的医疗行为得不到医保报销,削弱了医保的普惠性、公益性的作用。划得太低的话,又会让这条起付线形同虚设,无法阻止患者对药物价格不敏感的风险。各个国家和地区,对于这个尺度理解不一,但多数国家的通常做法,是分类限制起付线:对健康影响较大的慢性病,起付线相对较低(如心血管疾病等);对健康影响较小的伤病,则起付线相对较高。

其次,对于一些非常贫困的家庭而言,起付线的"门槛"可能都是他们难以承受的重量,从而出现因病致贫、因病返贫的不良后果。不要小看这几百元、一千元的金额,对于很多人而言,就是一天的工资。比如,这段时间,很多人来到某共享单车的公司总部要求退还押金(有 99 元和 199 元两种),不也就是为了最多两百元的报销么,都能不惜排队大半天,可以想见,这数百元的起付线,对于一些人也是沉重的负担,应该尽可能的保护这些弱势群体。具体而言,各省市、地区的起付线有所不同,但通常都在 500 元左右,并不是很小的数字

更糟糕的一种情况,就是投保人出于自己的私利,故意夸大病情,争取将医疗开支做大而越过起付线。尤其是对于某个患者,当其合理的医疗开支已经离起付线不远时,就更有动力"努力争取"一下,越过起付线,反正因此而增加的损失很少。

在多数国家和地区,医保机构都规定了门诊起付线较高,而住院的起付线很低。比如,某一线城市,在 2018 年里的医保政策规定,门诊的起付线是 1 800 元(在职职工)和 1 300 元(退休人员);而住院的起付线则为 1 300 元(首次住院)和 650 元(第二次及以后每次住院),两者之间差距明显。一些投保人就可能利用这

---

① 破窗效应:经济学名词,指的是一旦某种不良行为得不到纠正之后,更多的不良行为就会随之而来。就像是一座临街的房屋,玻璃窗被人扔石头砸烂后,如果没有及时修理、更换新的玻璃,就会有更多的玻璃被打碎,甚至会有小偷破门而入,因为砸烂的玻璃就告诉他们,这是个无人看守的财产。

个漏洞,就会争取医生收治和住院,从而享受这种报销待遇;对于医疗机构而言,也没有动力来阻止这种"升级";医务人员还可能出于对患者的同情而协助其跨过起付线。对于这种行为,医保机构想要对其进行监督,难度较大,成本也会增加很多,毕竟,很多疾病是否需要住院治疗,并没有非常确切的标准,更多的是出于主诊医生的职业判断,旁人很难分清是否必要。这么一来,起付线非但没有起到节约成本的作用,反而让医保基金在没有必要的项目上支出更大;而大量没有必要却实际占用病床、医护资源的患者存在,又会导致医疗资源被浪费,实在是双输的结果。

总体而言,起付线的设立,往往是一种"必要之恶",尽管很难做到绝对合理,也存在着被钻空子的可能,但目前还找不到更好的替代方案,因而被世界各个国家、地区的医疗保险机构普遍接受。

8.3　费用分摊制度

费用分摊制度,指的是在允许报销的医疗费用中,医保机构依然不予以100%的全额报销(全覆盖),投保者必须按照一定比例,自行承担部分费用的设定。

8.3.1　费用分摊制度的意义

在8.1节中,我们已经讨论过,为什么医保必须留有未覆盖的"死角"存在。而对此的解决之道,就是费用分摊制度,也叫作"共同付费制"。它和起付线既有相似之处(投保人承担一部分费用),又有明显的不同:起付线下,投保人自行承担的医疗费用是固定的金额,而且相对而言金额较低;费用分摊制度中,投保人自行承担的,是整个医疗费用按照固定百分比计算出来的一部分费用,总费用越高,则这部分负担也越重,相对于起付线下的费用是明显高很多了。(比如,某患者某次住院,共花费5 000元医药费。在扣除起付线1 000元后,剩余4 000元中,有90%由医保基金报销,而患者仍然需要承担剩下的10%,也就是400元。加上起付线下的费用,该患者总共自行承担医药费中的1 400元。)

这种制度的主要意义,也是为了让患者和医保机构形成利益同盟,让患者有了足够的动力去监督费用的不合理之处,增强患者的成本意识,主动避免不必要的医疗开支,如开药选择较贵品种、大量使用辅助用药、病情好转后依然拖延不出院等等行为造成的不合理费用。

在第一篇中,我们介绍过"价格弹性"的理论,这在费用分摊制中也有明显体现:大多数患者及其家属,对于价格的增长还是很敏感的,自动成了医保基金的守门人,对于合理使用医保资金而言,是有极大的正面价值的。

8.3.2　费用分摊制的弊病

和起付线制度一样,费用分摊制当然也有自己的弊病,那就是给低收入家庭带来的经济压力,有时候是相当大的。

比如,我国某一线城市2018年的医保政策规定,费用分摊的比例如表8-1所示。

表8-1　某城市的医疗费用分摊比例

医疗费用金额分段	报销比例	
	一级医院	二级医院
门诊部分		
1 300 – 30 000	90%	87%
30 001 – 40 000	95%	92%
40 001 – 100 000	97%	97%
100 001 – 300 000	85%	85%
住院部分		
1 300 – 30 000	97%	96.1%
30 001 – 40 000	98.5%	97.6%
40 001 – 100 000	99.1%	99.1%
100 001 – 300 000	90%	90%

在表8-1中,可以看到一个有趣的现象:无论是住院还是门诊,随着金额的上升,报销比例也上升,也就是说,个人承担的比例在逐步下降;然而,在金额最高的一档,也即10~30万元之间,报销比例却反而掉头下降,这种现象背后的逻辑,就是为了确保费用很高的患者,不至于给整个医保基金带来太大的压力;或者说,不让高费用患者,挤占太多的中、低费用患者的资金。

相应的,就会给患者及其家属带来更大的经济压力,让医保的兜底作用没有充分发挥,这多少也是令人遗憾的。如果患者没有购买商业性的补充医疗保险,则对其家属会带来极大的经济压力,甚至影响治疗效果。也可以说,这种理性计算的背后,是一种无奈的选择。

8.4　封顶线制度

封顶线制度,和起付线相反,限制的是单个患者,在一次治疗或一定时间内,总体的医疗费用的报销上限。换句话说,一旦医保基金报销的费用超过某个数值,剩下的费用无论有多少钱,医保基金都不再予以报销,完全由患者及其家属自行筹集。

8.4.1　封顶线制度的意义

封顶线制度最大的意义,就是避免医保基金因为极少数重症患者而出现严重亏损的风险,同时也避免了过度医疗的发生。

现代医学的发展,让人类延缓死亡的能力越来越强。比如,即便是长期昏迷不醒或大脑已经死亡的患者,在呼吸机、起搏器的作用下,依然能够维持呼吸和心跳,维持法律意义上的"活着"(我国目前尚未采纳"脑死亡"标准,所以呼吸和心跳依然是判断某人是否死亡的法定标志)。然而,维持这样的植物状态,费用是相当高昂的;如果这名患者还是躺在 ICU 里,则整体费用就会非常惊人,通常是以万元为单位来计算的。

此外,在世界各国之中,都不同程度存在着一种称为"仪式性抢救"的做法,也即哪怕明知某人已经不可能挽救,为了给家属、亲人一个交代,还得在临终前,把各种生命支持仪器都拿来折腾一番,花费很大却没有实际收益,也让患者经历不必要的痛苦(有些抢救措施本身带有伤害性,比如,呼吸机就需要在患者的气管上切开一个口子)。为此,有些人都会在生前写下"预嘱",声明如果自己万一进入了昏迷等无法自己决定医疗措施的状态,请勿采用生命支持仪器来折腾,让自己带着尊严走完人生旅途。

这时,医保制度的设计者们,就必须面对一个两难的问题了:虽说生命都是宝贵的,但医保资金总是有限的。是把这些钱用于保持一个没有希望康复但仍然活着的患者的生命呢,还是用于治疗数量很多的轻、中症患者,改善他们的生活质量?是保障覆盖面更广呢,还是保障力度更大?是把资金用在那些极有可能康复、人生还有很多希望的儿童身上,还是用在多个脏器全面衰竭、时日无多的中老年患者身上?

比如,国内某著名演员被发现患有肝癌之后,曾经进行了肝移植,但仅仅一年之后又肝癌复发。从科学角度说,此刻的治疗已经没有什么实际意义,但该演员及其家属坚持又进行了第二次肝移植。遗憾的是,尽管两次肝移植花费了上百万的费用,该演员还是在第二次移植之后不到半年就离世了,此事在当时引发了很大的争议:这么花钱买命,究竟值不值得呢?

然而,生命不是做算数题,"救一个"和"救多个"并不能用不等式来表达,更多的还必须结合当地的经济社会发展水平、社会一般观念等具体情况来综合考虑,否则很容易引起混乱。同时,普遍的道德标准,也不允许医疗机构对不同年龄、不同病程的患者,在治疗力度上有所取舍,而是必须一视同仁、全力救治。

这个时候,一条封顶线就起到了"黑脸"的作用,避免了无休止的将医保基金投入个别费用极高却康复无望的患者身上,这对于医保基金的整体使用效率,对于绝大多数参保者的利益而言,都是一个更好的选择。

实际上,封顶线还隐含了对资金使用效率的考量。对于那些终末期的患者,即便投入很大的资源进行抢救、维持,其康复的希望也是基本为零,不大可能回到正常的生活状态。此刻,前期投入的医保资金就变成了沉没成本,让资金的整体使用效率大大降低。

8.4.2 封顶线制度的缺点

尽管如此,通过对表8-1的分析,我们还是能够明显地看出,一旦费用达到某个限值时,患者及其家属的负担会变得非常沉重,超出了承受能力的范围。

这种时候,一些患者和家庭会不顾未来的生活,四处举债、变卖房产;一些患者则会选择放弃治疗,或者变相放弃治疗(仅使用针对性的止疼、缓解症状药物,不再追求控制病情发展),从而避免巨大的医疗费用开支。

这种现象,常被称为"断崖式崩盘",也就是超过某个临界点时,医保不再分摊费用,患者及其家属立即就会被巨大的医疗费用所压垮,其中很多人就会选择放弃治疗。对于其中那些抢救无望的患者来说,这种做法无可厚非,甚至是一种理性的表现;但对于那些有较大希望治好的患者而言,似乎就太过残忍了。特别是对于未成年人而言,他们的家长,是否有权替他们做出这样的决定呢?而医保这种"雨中抽伞"的做法,是不是也太残酷了?

答案,恐怕很难说清。

8.5 混合型保险

针对上述种种问题,各个国家和地区的医保机构,也都提出了各种解决方案。目前,通常认为,混合型保险是一个较好的选择。

混合型保险的基本逻辑,就是把这种健康的风险分散开来,由个人、家庭和社会共同分摊。

具体而言,混合型保险由社保体系下的医疗保险、大病医疗补充保险、社会救助基金组成。对于较低的医疗费用,由投保人自行承担(也就是起付线下的费用);较高的医疗费用,由医疗保险和个人共同分摊,且医疗保险的承担比例随费用总额逐步增大;更高一些的医疗费用,引入商业性质的大病补充医疗保险作为医疗保险的补充;而当金额非常大时,医疗保险和商业保险均不再承担(也就是超过封顶线的部分),由社会救助基金和社会爱心人士一事一议的予以救助;如果这部分都不能奏效,恐怕也就是不再是人类目前的医学水平能够解决的问题,也只好无奈地承认科学技术的有限性了。当然,要实现这种分层次保障的模式,还需要培育市场,在理顺医保报销体系的同时,鼓励更多的人自行购买补充医疗保险(比如,允许在个人所得税中部分扣除商业保险的费用),以实现社会的和谐发展。

8.6 本章小结

本章探讨了医保的支付模式中,为什么必然会有覆盖不到的部分;以及支付模式中做出的种种限制,目的都是为了避免道德风险,包括患者对价格不敏感、小病大治而浪费医保基金的做法。

然而,无论是起付线、封顶线、费用分摊制,都有其积极意义,也有难以避免的缺点。更进一步说,会涉及医保的价值选择,也即在医保覆盖面更广和医保保障力度更大之间,必然要做出选择。这还可能引发情感与理智的冲突,导致社会舆论的争论,是一件非常复杂又难以给出标准答案的难题。

总之,无论医保制度规定了如何支付,如何分配投保人与医保机构的责任承担,社保体系中的医疗保险,都不可能实现一个所有人都满意、又能正常运行的体系。解决之道,或许还是社保体系中的医疗、商业保险、社会救助基金共同协力,尽可能地避免因病致贫、因为缺乏资金而放弃有希望的治疗等等不幸事件发生。

第9章 医保中的信息不对称及破缺

9.1 医保中的信息不对称

在第一篇之中，多次诠释过信息不对称的现象，也即参与博弈的各方，并不平等的掌握交易相关的信息，因而无法在决策时都做到充分理性抉择。在本章节将着重解释信息不对称的具体内容。

在一个交易活动中，当然会有大量的相关信息存在。然而，并非每个信息都会影响到各方的决策，有些信息不过是无关紧要的碎片而已，有些虽然具有相关性，但关联较弱；有些虽然关系较紧密，但通常涉及个人隐私，或者可能导致歧视，法律和伦理上不允许收集；还有些虽然有关联、法律也允许搜集，但搜集成本太高，从而导致事实上无法操作。这些信息，都被视为交易信息中的"噪音"，通常不需要去获取，也不需要考虑。

比如，在医保活动中，某位患者居住的房子，是租来的还是自有的物业，就是一个关联性很弱的信息。而某位患者最近是否失业了，某患者最近是否离婚了，某位患者的性取向是同性还是异性，则涉及个人隐私，通常不允许医院、医保机构搜集。又比如，某位患者平时吃饭时放盐、放油的量是多少，要精确获知非常困难，所以实际上也不会搜集。

当然，上述信息在特定的场景中，依然是可能会对医生的诊疗带来影响，甚至也会影响医保机构赔付发生的概率。比如，2018年曾经出现过的某房屋中介公司的"分租公寓"中因装修不久而甲醛超标，导致租客出现呼吸道症状、皮肤过敏症状；那么，对于医生而言，租房的这个信息就足以影响对病因的判断。不过，在绝大多数情况下，这些信息并不影响到医疗行为，也不会影响博弈。

真正足以影响到博弈的信息，其实主要是两个方面：治疗方案的选择和参保者的病史背景，下面将分别论述。

医学是一个非常庞大而精密的学科，而人体则是一个更加复杂的系统，不同疾病、不同患者之间，哪怕疾病名称一样，细节上都会存在极大的差异。尤其是随着科学技术的发展，以个体化、个性化治疗为标志的精准医疗，能够为患者提供更有效的治疗手段,极大的延长生存时间、提高生存质量,应当是未来发展的趋势。

正因为如此,在具体治疗方案(手术、药物)的选择上,医院、医生就有着绝对的信息优势。尽管医院方面会考虑患者的知情权、决定权,但这种知情必须有足够充足的医学知识作为前提条件,否则治疗方案看起来就是"天书"。显然,我们不可能要求每个患者及其家属,都有足够高的医学知识(并且也完全没有必要,社会分工当然应该是要求术业有专攻的),所以大多数患者及其家属,实质上无法左右自己的医疗措施。在这种情况下,医生的职业水平和职业道德,以及医院本身的各种偏好(比如,中医和现代医学,对于慢性疾病的治疗方案就存在较大的分歧),就会影响到博弈的有效性。

另外,治疗方案的选择,还体现在是否需要住院和住院的时间长短上。显然,同样的病情,门诊患者的花费总会比住院患者低一些,医保机构设立的报销比例相对也低一些(包括起付线的差异);而住院期限、一年中的住院次数越长,总的医疗花费当然也会越高。此刻,如果医院和患者合谋,对那些模棱两可甚至还达不到住院必要的患者予以住院治疗,就会浪费一部分医保资金;而对于患者而言,不但没有损失,反而可能有所收益(因为住院治疗的起付线较低、报销比例较高);对于医院来说,能够保证其总体收入,有利于收支平衡,当然是乐见其成的。

此外,住院和门诊的差异,还体现在药品的使用上。目前医疗改革的趋势,是逐步推行"通用流转处方"制度,也就是允许患者拿着医生开出的处方,寻找价格合适、距离也合适的药店自行购药,不必非要在医院的药房中购药。这种制度,等于就是确定了医院很难从这部分患者的药物费用中获益(有关药品加价的相关问题,将在第 12 章讨论),对于医院当然没有好处。相反,对于住院患者而言,几乎都必须从医院药房购药。一些医院甚至规定,为了避免假药、劣药引发健康风险,也为了厘清责任,对于患者在院外购买的药物,护士一律不允许给患者使用。因此,住院患者的药物花费,就几乎都必须经过医院药房的渠道,这对于医院而言还是有正面意义的。

总之,上述医疗方案的选择,在医院和患者之间是存在不对称的,也是所谓的重要信息。对于医保机构和医院而言,同样也存在着这种信息不对称。

另一种信息不对称,则产生于患者和医疗保险机构之间。

通说认为,有些生活习惯,足以影响到慢性疾病的发生概率;而遗传因素,对于恶性肿瘤的发生则影响极大。换句话说,如果我们能够对某个人的生活习惯予以评估,并结合其家族中的恶性肿瘤发病史,就能够更精确的计算出此人在未来发生某些重大疾病的可能性大小。在循证医学上,家族遗传史对于特定肿瘤的预测效果是比较显著的,完全有成熟的计算方式。

新闻链接:

2013 年,美国著名演员安吉丽娜·朱莉,公开宣布接受了乳腺摘除手术,引发了舆论的广泛关注。因为她当时并没有被诊断为乳腺癌,这个手术完全是出于预防考虑:她的基因中,包含有一种被称为 BRCA1 的基因,这意味着她罹患乳腺癌的概率比普通人高出很多。据统计数据,带有 BRCA1 基因的女性,在一生之中,罹患乳腺癌的概率高达 65%,也就是三分之二的可能性。实际上,她的母亲和她的小姨,都是因罹患乳腺癌而去世的。从这个例子中,不难看出遗传因素的巨大影响。

换句话说,如果医保机构能够准确了解一个人的生活习惯、家族病史,就能够更精确地对患者的投保费用进行定价。然而,这又有两个问题:首先,社保体系中的医疗保险,要求具备普惠性和公益性,禁止对患者进行歧视;其次,这些数据,以目前的医疗信息管理体系来说,非常不容易全面获取。因此,在这个意义上说,这种患者与医保机构之间的信息不对称,对于患者而言是有利的,也是比较难以打破的。

9.2 医保信息不对称的破缺

在上述两种信息不对称的情形中,医保机构都处于不利地位。然而,医保机构最大的优势,在于其巨大的体量,无论是患者总人数还是医疗费用总金额,都占据了整个社会的绝对主流。因此,医保机构能够利用这种优势,在规则制定上采取措施,打破这种信息不对称的状况。主要的手段,包括付费体制上的破缺和信息化方面的破缺,下面分别予以介绍。

9.2.1 医保付费的两类结算方式

在医保付费,也就是报销结算上,就有一些行之有效的方式,能够尽量减少信息不对称的影响。

第 8 章分析过有关起付线、封顶线和报销比例的问题,这涉及的是报销的金额;而这一节所讨论的核心,就是付费的方式,就像是去餐厅吃饭,到底是先付钱还是后付钱呢?

也就是说,在世界各国和地区的医保体系中,存在着两种赔付(报销)的模式:预付费制和后付费制。

前者,指的是当诊断出具体疾病之后,医保机构就按照固定的金额和比例,将医疗费用先转移到医疗机构的账户,然后医疗机构再进行具体治疗,俗称"按照病种付费""按人头付费",付费金额主要取决于疾病的类型和分期,由医学专家和医保机构共同制定。

后者,是在患者完成医疗活动之后(比如,出院的时候),再由医保机构审核实际花费,按照比例予以报销,俗称"实报实销。"

单纯从理性的角度说,后付费制肯定是更为合理的。正如前文所述,每个患者的病情都不尽然相同,治疗方案也有诸多不同。如果医保机构预先为每种疾病划定医疗费用的范围,有时候就会出现症状重而钱不够的尴尬。比如,患者有其他的并发症,需要更多的药物治疗;或身体的基础条件较差,需要使用更保守的治疗方案;患者年龄太大或太小,从而导致某些药物不能使用,或手术后恢复时间较长,等等。反之,对于一些症状较轻的患者,却会出现"钱用不完"的问题,即还未达到医保机构设定的特定疾病花费限额,症状已经治好,对于医疗机构而言反而是利益受损了。

那么,可不可能制定出一套非常详尽、合理的付费标准,考虑年龄、症状、并发症、病情分期,再来划定不同的费用规格呢?答案是:非常的困难,几乎不可行。因为无论是哪种划分标准,针对的都是"大多数"患者,对于偶然出现的危重情况,事先是很难预计到的,这是按照病种付费的一个难以克服的固有缺陷。

还有一类预付费制度,则是实行总费用包干制度:按照定点医疗机构既往的数据,比如接诊患者总人数、报销金额总数等等,由医保机构和医疗机构事先签订协议,对来年中所有的患者在该机构的总体报销费用金额做出约定。如果来年实际费用低于该限额,则结余部分按照一定比例留给该医院,用于提高医护人员待遇;如果实际费用高于该限额,并且没有患者人数的显著增长,则超出部分由医保机构和该医疗机构共同分摊。

9.2.2　预付费制度的破缺

反过来说,尽管预付费制度有诸多缺点,但其优点也是显而易见的。

首先,对于患有同类疾病的患者而言,使用推荐治疗方案是足以治疗大多数患者的。遇到病情危重,或者有并发症的情况,毕竟是个概率较小的事件——而医疗保险,甚至整个保险体系,都是建立在大数定理之上的,通常只需要考虑普遍的情形。

其次,预付费制度使得医生没有动力人为地推高医疗费用,实质上也打破了医疗机构和药品生产企业之间、医疗机构和患者之间建立同盟的可能。既然每个患者的费用都是被预先设定的,那多开药、多住院,对于医院而言完全没有好处,反而会带来亏损的可能(超额部分医保机构并不报销,实质就是医院承担),对医保控费而言是一个釜底抽薪的大招。

总之,对于控制医保费用的总体规模,降低不必要的医疗费用支出,预付费制度都是有积极意义的,在博弈中赋予了医疗保险机构极大的优势。

9.2.3 预付费制度的风险

同时,预付费制度的实施过程中,也出现了一些预想不到的问题,带来了一些负面的影响。

首先,即便事先制定的疾病分类标准非常科学合理,但依然不能避免少数患者的病情并不能被这个标准所真实评价,从而出现费用超标的风险。然而,如果将这种超标的费用完全转嫁到医疗机构头上,最终又会转移到所有医护人员的收入之中,实质上就会导致开出相关处方的医生成为同事眼中的"麻烦制造者"。在这种巨大的压力之下,医生将不得不在职业道德与生存压力之间艰难选择:是不是要按照实际情况,允许这个患者使用超过规定范围的医疗资源呢?人性经不起试探,这种两难局面,本来应该是尽力避免的,而预付费制度却促使了它几乎必然会发生,只不过是概率大小而已。

其次,由于各个国家和地区的医保,和医疗机构之间的预算、结算普遍都以一年为周期,如果采用了总费用限额制,则医院在年初时使用医疗费用指标会比较宽裕,开出药方、安排住院时偏向宽松;而到年底时,眼看费用指标就要耗尽,医院就会在开药和安排住院上趋向于保守,尽可能地减少费用。这对于患者获得正常诊疗的权利而言,肯定是非常不利的风险,在国外的一些地方已经有所暴露。一些国外的患者甚至将其戏称为"生病要趁年初",实在有违社保体系中的医疗保险的初心。

新闻链接:

2017年7月20日至8月1日期间,在印度北方邦法鲁卡巴德县的一家公立医院里,共有49名婴儿死亡,而追查原因发现,这些死亡中原本是有很多可以避免的:因为该医院没有足够经费付给一家药品企业,欠债太多,该企业遂对该医院"断气",停止供应医用氧气;而因为氧气缺乏,至少导致了30名新生儿的死亡。结论公布后,当地舆论的一片哗然,该医院负责人也被当地卫生部门撤换。

第三,由于定额付费制度的存在,无论按照病种付费、按照人头付费还是总额限制,都可能会让一部分医院出现"挑剔患者"的现象。也就是说,医生在判断是否应该收治某个患者时,除了正常的病情、床位紧张程度、本院的治疗水平和仪器设备之外,还可能会额外考虑该患者治疗会产生的费用多少。对于一些重症、难治的患者,可能就会因此被医院拒之门外,因为收治了他们就意味着突破规定的治疗费用,损失必然由医院、医生来分摊,这同样是一个两难的问题。这种现象又被称为"撇奶油""挑樱桃"(cherry-pick),原意为"只挑甜点上最好吃的部分吃掉",用中文里类似的比喻,或许可称之为"吃包子只吃馅"。

总之,上述风险的存在,并不会妨碍医保机构的控费努力,但却将损失不合理的转嫁给了患者和医院、医护人员,因而是有道德风险的。有鉴于此,世界各个国家和地区,在推行预付费制度上都采取了比较谨慎的态度,通常只用于一些费用相对稳定、个体差异不大的医疗项目,如顺产分娩、阑尾炎手术、白内障手术、儿童唇裂矫正手术等等;对于细分种类较多、病程分期不清晰的疾病,则依然还是采取实报实销、后付费的方式处理。

9.3　医保共同体的试验

除了在付费比例、付费模式上抵消信息不对称的风险之外,国外有些国家和地区,也在试验两种新的模式:医保共同体、医疗共同体,以期降低信息不对称对于医保机构的影响。

9.3.1　医保－医院共同体的尝试

建立医保共同体,其主要逻辑是:如果将医疗机构和医保机构合二为一,成为利益相关的共同体,博弈中的四方变成了三方,信息不对称的风险瞬间就被化解了。

在操作层面,可以由医保机构(多数是商业化的保险公司,而不是社保体系中的医疗保险机构,也有多个保险公司组成联盟的情况)直接向医疗机构投资,获得其部分股份,从而实现利益绑定;也可以由医保机构指定若干家医疗机构作为定点医院,并通过与这些医疗机构的谈判来确定其费用;甚至可以由医保机构直接与一些医生签约,签约医生所开出的医疗费用账单就能纳入报销体系。

在这方面做出的试验,最出名的是美国的"健康维护组织"(Health Maintenance Organization,HMO)。该组织建立于 20 世纪 70 年代,特别为尼克松总统所推崇。

它的基本运行框架是:由多个保险公司(包括全国性的和地方性的公司都有),在某个区域内(比如一个州或数个州),组成保险公司联盟。随后,该联盟采取两种模式提供医疗保险服务:职员式,即该联盟直接雇佣医生、护士,并提供场地,投保人直接来该场地就医,有点类似我国过去大型企业附设的医务室;联盟式,由保险公司联盟与特定的医生团体(如某个县的医生公会)签订协议,规定该团体的医生均按照约定的价格和标准,为投保人提供服务。

投保人方面,不分年龄、职业,每年固定地向保险联盟支付保费,并在接下来的一年时间里,享受保险联盟提供的医疗服务。换句话说,保险公司联盟把所有患者视为同样的个体,每年的收费都一样,向医生、医院支付的费用标准也都相同。

HMO 的效果存在较大争议,赞扬者认为,这种模式能够非常有效的控制费用,也不会给投保人增加太大的负担;批评者认为,对于越来越复杂、越来越专业化的医疗服务而言,这种不区分病种、不区别个体差异的做法,注定只能提供较低水平的保健和医疗服务,不能真正解决大病医疗的问题。

总之,这种做法在美国以外的地方出现较少,或许并不会成为一种主流的医保方式。

9.3.2 医院集团化共同体的尝试

另一种医院共同体的尝试,是由多个医院组成医院集团,共同为投保人提供医疗保险服务。

这种医院集团,通常由一家实力雄厚、规模较大、在当地有影响力的大型医院牵头,作为集团的核心;由当地(通常不会有跨州、跨省的范围)的多家中小型医院、社区医院、全科家庭医生、乡镇卫生院等医疗机构共同加盟而组成。在联盟内,检查结果和医生处方互认,上级医院定期培训下级医院的初级医护人员,实现部分资源共享。

更重要的是,这种医院集团之中,实行双向转诊制度。也就是说,对于非急性病症的患者,原则上实行预约挂号、诊疗;同时建议患者先在基层医疗机构,如家庭医生、社区医院、乡镇卫生院进行诊疗,如果基层医生认为确有必要,可以直接向上级医院转诊,直至核心的医院;反之,当上级医院的手术治疗完成、患者症状稳定后,则转向下级医院,继续进行康复和一般诊疗、复诊工作。

这种模式的优点,在于减轻了上级医院的就医压力。众所周知,每个城市中最大、口碑最好的医院,往往也是最拥挤、排队时间最长的。相反,很多社区医院、乡镇卫生院因为实力较弱,得不到患者的信任,往往是门可罗雀。事实上,这其中的很多患者,诊疗的都是较小、较轻的常见病,社区医院足以完成,对于患者、医院和高级别医生而言,都是一种经济和时间上的浪费。而双向转诊制度,就有利于避免这种问题,充分发挥各级医疗资源的作用,提高社会的整体医疗服务水平。

为了确保这种双向转诊的制度能够得到患者的接受和执行,医保机构往往会采取定价上的策略:未经基层医生签字转诊的患者,在上级医院看病所产生的费用,报销比例很低(如40%~50%),而基层医疗机构的报销比例则相对较高(80%以上),经过基层医疗机构医生签字转诊的患者,报销比例则介于两者之间。这样一来,患者就有了一定的经济动力,不必小病也去大医院看病了。从经济学原理上说,是降低患者到上级医院就诊的边际收益,从而引导患者自愿实施分级诊疗。

此外,基层医疗机构会把更多的精力,放在慢性病的预防和干预上,以此来降低患者罹患慢性疾病的风险,打破患者与医疗机构之间的信息不对称问题。

9.3.3　医保共同体模式的争议

无论是上述哪一种医保共同体的模式,一个共有的问题始终无法回避:这些模式能够有效地维护医保机构和医疗机构、医生的利益,却将患者群体排斥在博弈之外,非常容易损害其利益,包括知情权、选择权和其他经济利益。

比如,在医院－医保共同体中,医生和医保机构的关系太过紧密,如果出现医疗保险总体资金紧张时,容易引发角色冲突,即医生又充当了事实上的"会计"角色,干扰其专业上的判断,可能导致医疗不足的风险,损害患者(投保人)的正当权益。

而在医院集团化的尝试中,风险在于垄断带来的麻烦。不难想象,一旦这种医院集团出现之后,很容易实现事实上的垄断;而在第一篇的介绍中,我们已经知道,垄断非常容易导致市场失灵;而当垄断企业大到一定程度、在当地市场占据绝对优势时,连政府管制都可能对其失效,从而使其他利益主体受损,如患者、竞争者等;还可能因为其巨大的体量而带来强大的议价能力,反过来对医保机构施加影响:当一个较小地区内,绝大多数医院都归属于同一个医院集团时,医保机构对该集团是毫无办法的,此刻,如果谈判失败,医保机构就会面临投保人无处可以看病的窘迫局面,不得不做出部分让步,这恰好和信息不对称破缺的初衷相反。

因此,如果我们承认,医疗是一种特殊的服务,同样存在市场调节与政府调节的话,我们就必须正视医保共同体、医院共同体带来的负面影响,充分考虑各个博弈主体的正当权益,在医保的可持续性、较高的保障水平和患者的负担可承受之间找到平衡,确保社保体系中的医疗保险坚持公益性、社会性、普惠性的特性,让医保和社会经济协同发展。

9.4　本 章 小 结

在本章中,我们讨论了医保中的信息不对称问题,以及这种不对称的成因和影响,分析了哪些信息才属于现实意义上的重要信息。探讨了付费模式上的差异,即预付费还是后付费,是实报实销还是定额报销,并分析了这些付费模式各自的优缺点,以及可能带来的道德风险。在经过比对之后,后付费制度(实报实销),虽然效率不及预付费制度,在总体控费上效果也不好,但能够规避很多意料不足的风险,更有助于维护患者一方的利益,因此,它依然是目前大多数国家和地区的医保报销中的主流模式。

信息不对称的几种常用的破缺手段,包括预付费和组建医疗－医保共同体、组建医疗机构集团等等。这些措施有的还在验证之中,实际效果如何尚不得而知,有

些则存在较大争议,认为其保障效果较差,达不到"兜底""保险网"的作用,不应该
选择此类保险。

当然,目前人类还没有发现一个完美的操作方案,可以解决医生－患者、医院
－医保机构之间的信息不对称问题。不过,据说目前最近已经在较大范围内推广
双向转诊,社区医疗机构和社区全科医生的培养也在积极进行,或许,在不久的将
来,我们能看到这个问题较为圆满的解决。

第 10 章　医疗保险中的市场失灵

市场失灵的概念第一篇的 4.2 节,也即市场自发的调节手段不再能发挥作用,甚至起到了相反方向调节的作用。而如果我们承认医疗保险服务也是一个市场的话,则它也会出现市场失灵的现象。宏观上看,一边是医保资金出现大量的投入,另一边则是优质、适用的医疗资源的缺口。两者之间的无效投入,就是因为市场失灵,而流向劣质的医疗服务,甚至是和医疗无关的地方去,出现了资源错配而市场无法自我纠正的现象。

10.1　医保的市场失灵分析

10.1.1　医保市场失灵的表现

当一个市场失灵时,可能以多种形式表现出来:有效的供给不足,负外部性得不到纠正,低效率的生产者依然不被淘汰等等。

具体到医保市场中,上述问题就变为:一部分追求更好的、差异化医疗服务的人,哪怕自己掏钱也买不到这类服务,更不用说在医保体系内解决了;而大量的无效也无危险的"神药"和可有可无的辅助用药,挤占了有限的医保开支,却长期存在,哪怕被媒体揭穿老底,换个名头依然可以继续做生意。

比如,无痛分娩技术,在现代医学之中早已不是技术难题。然而,它在我国的普及程度却非常的低,原因就是大多数医院无法分出足够的人手(无痛分娩需要有麻醉医师全程监控)来完成这种操作,必须把有限的医护资源用在直接危及生命的病患处理身上;至于分娩疼痛,也就只好稀里糊涂的安慰产妇熬过去了。哪怕产妇愿意自己多付钱,也很难买到这种无痛分娩的服务,实际上损害了投保人对于医疗方案的选择权。此刻,这种医疗资源的稀缺性,却并没有导致供给的大量增加,就是市场失灵的一个很好例证。

同时,一些辅助用药,尽管对患者帮助不大,但因其大多属于医疗保险不覆盖的自费药品,所以很少受到医保机构的干预,所以在处方中依然大量出现。类似的,还有被媒体多次曝光的天价"保健品"问题,实质都是对治疗、预防疾病基本没有效果的保健食品,有些甚至就是普通的食品(常以"压片糖果"的形式出现),价格却高得惊人。这些"保健品"虽然并不会被医保所覆盖,但从整个社会的角度上说,同样会浪费社会财富,挤占有限的个人财富,间接加大了医保开支的压力,所以对于医保体系而言依然是有害的。

新闻链接:

2018年11月,在公安部的统一指挥下,浙江警方捣毁了一个以销售天价"进口抗癌药品"为名,实施诈骗的特大犯罪团伙。该团伙以"免费出国旅游"为诱饵,诱骗收入较高但缺乏医药知识的受害人,在所谓"体检"中威胁受害人具有很高的患癌风险,借机推销所谓的"癌盾"药物。警方查明,所谓的"癌盾",主要成分为花青素和番茄红素,每瓶成本不过上百元钱,售价却高达9.8万元至39.8万元之多。据悉,有一名受害人,前后就被骗走六百多万元。本案的总涉案金额高达十亿元之巨,囚徒多达132名。本案,目前仍在调查之中。

相反,一些治疗效果明确的药品,因为价格较低,却逐渐从市场上消失,有时候甚至会引发药品供应紧张的问题。

新闻链接:

2016年5月,国家卫计委(即卫健委的前身)发布公告,因某药厂该品种暂停生产,全国多地出现了鱼精蛋白紧缺的现象。这种药品可以防止术后意外出血,是心脏外科手术后的必备药品,一些医院因而不得不暂缓进行心脏手术。尽管这种紧缺在两个月后得以缓解,此次事件还是引发了业界的讨论:一支鱼精蛋白的指导性价格不过10元,而生产成本不低,厂家几乎是生产一支就赔钱一支,企业缺乏长久生产的动力。类似的,2015年,抗肿瘤药物"放线菌素D"也出现了大面积的紧缺,业界普遍认为,这种救命药的价格仅为10元,临床用量又不是很大,企业无利可图,所以生产积极性很低。

为什么药品会有这种独特的市场失灵呢? 主要是源自药品的特性:随着医疗技术的发展,药品的适应症也越来越细分,导致一些药品几乎没有替代品,或者替代品的效果远远不如本体;而药品作为治疗疾病的主要手段,直接影响到患者的健康甚至性命,因而属于刚性需求,需求的价格弹性极低。此外,药品注册、生产的技术壁垒极高,审批流程较长,让资本不可能很快的流向有需求缺口的药物品种上,直接影响到了市场调节的效果。

正因为如此,在药品生产制度改革中,一方面要积极落实简政放权的要求,在保证群众用药安全的前提下,尽可能地减少审批所需的环节和时间;另一方面,也要依靠药品储备制度(见4.2节)解决。

而药价过高、过量开药(也就是俗称的"大处方")、药品销售体系中的带金销售等违法行为,并没有因为市场的自我调节、自我净化功能而消失,反而在很长时间内一直存在,这也是市场失灵的一种表现。

再者,为防范极少数宵小之徒对医保资金进行欺诈行为,医保报销流程中,对于投保人的票据都规定需要进行严格的审查,逐个甄别医疗费用项目的真实性和合理性。这直接导致了交易成本的增高,体现为时间成本和审核人员成本的居高不下,既妨碍了报销的时效性,又使得手续非常烦琐,直接影响了患者及其家属的获得感。

10.1.2　医保市场失灵的原因分析

对于上述市场失灵进行分析,可以找到很多原因。而最重要也是最无奈的一个,就是我国医疗体系中曾经普遍存在的“医药合一、以药养医”的模式选择。

正如前文所述,社保体系中的医疗保险必须具有普惠性和公益性,因而定价上往往压得较低。同样,我国的公立医院也存在着公益性的属性,从而将挂号、诊疗费一直维持在较低的水平上,根本无法反映医护人员培养的巨大成本。一些医院因而选择了用药品的批零差价来补贴医护人员成本的路子,这也是一种无奈的选择。

同时,正如前文所述,医患之间存在明显的信息不对称,医疗机构和医保机构之间存在信息不对称;相应的,医生、患者、医院这三者之间,一旦突破起付线之后,就很容易达成针对医保机构的同盟(国外学者,以 Patient、Physician 和 hosPital 这三个单词各取一个字母,将其称为“3P 联盟”),从而让这种市场失灵更加明显。

然而,以药养医的模式,注定是无法长久维持下去的。这一方面是政策逐渐收紧,不允许医院和药品生产企业达成同盟(具体措施将在第 12 章介绍),另一方面也是随着互联网的发展,患者有了更多的选择余地,可以很方便地凭医师处方,在院外买到更便宜的药物,倒逼医院进行改革。更重要的是,医保基金在任何时候都是有限的,如果不能堵住因市场无效而形成的漏洞,最终受害的还是广大投保人及其家属。

10.2　医保市场失灵的解决方案

按照凯恩斯的观点,对于市场失灵,最好的解决方案就是请出“看得见的手”,直接对市场进行干预、调整,扭转其混乱场面。对于医保市场的同类问题,解决方案依然如此,但需要医保局、卫健委、质量监督局的共同配合。

首先,明确药品和非药品的边界,明确辅助药品的使用条件,防止其挤占有限的医保资金。所谓辅助用药,通常是一些营养针剂(如氨基酸、维生素、脂肪乳、小牛血清去蛋白等物质的注射液），尽管对于患者的健康，可能存在一定的益处，但绝大多数情况下并非必须，所以需要严加控制。对此，国家卫健委在 2018 年发布通知，要求各省级卫生行政主管部门，报送各自管辖的医疗机构中的推荐辅助用药目录，在此基础上，汇总、优化而形成全国性质的辅助用药目录，对于辅助用药的适用范围进行严格管理，对目录外的辅助用药严格控制。

法规链接：

《关于做好辅助用药临床应用管理有关工作的通知》（国家卫健委，于 2018 年 12 月 18 日，以国卫办医函〔2018〕1112 号文发布）中，明确规定：

……加强辅助用药临床应用管理，是落实深化医药卫生体制改革任务、控制公立医院医疗费用不合理增长的明确要求，也是减轻患者看病就医负担、维护人民健康权益的重要举措。

医疗机构是辅助用药临床应用管理的责任主体，医疗机构主要负责人是辅助用药临床应用管理第一责任人。……

各级各类医疗机构要根据临床诊疗实际需求，制订本机构辅助用药临床应用技术规范，明确限定辅助用药临床应用的条件和原则，要求医师严格掌握用药指征，严格按照药品说明书使用，不得随意扩大用药适应证、改变用药疗程、剂量等。……

此外，对于现有药品，特别是仿制药品进行一致性评价，确保其疗效能够达到预期的标准，无法证明其有效性的品种，坚决从医保报销范围中淘汰。同时，以这种方式，来促进非专利药物的断崖式降价。

其次，采取零加价、两票制、带量采购等模式，从制度上打破药厂和医院、医生之间的结盟可能，否定以药养医的模式；同时，提高医护人员技术服务的价格标准，尽可能地把这一块收入损失用医疗服务费的形式补偿回来。关于这三个制度，目前在我国都仍然处于试点阶段。

当然，医保市场失灵背后，还有财政投入的增长速度，跟不上人民群众日益增长的医疗需求的问题，需要依靠发展经济、加大投入来解决。

总之，对于医保市场中的市场失灵问题，必然要求通过"看得见的手"进行干预。较为有利的条件是，我国的医保建立全国统一的体系，不存在各个省级区域的规定冲突问题，能够在全国范围内通盘考虑，以极大的市场空间换来议价权，理顺医疗费用中的关系，逐步走向合理、成熟的医疗保险体制。

10.3　本章小结

　　医保中的市场失灵现象,包括其表现、成因和相应的对策。从表象上看,这种市场失灵影响的主要是医保机构,但本质上依然损害的是全体投保人员的共同利益,同时还可能滋生腐败,所以必须坚定不移的加以反对。而具体的措施,则主要是通过医保机构制定规则,排除不合理的用药方案,挤出其中的水分来。

第 11 章　治疗方案的评价体系

在医疗保险之中,一个重要而基础的工作,就是对不同的治疗方案进行评价和挑选,以找到最适合患者,又符合医保政策的方案。同时,医保机构也面临着对医保覆盖范围的决策和遴选,到底哪些疾病、哪些药物,应该被纳入医保报销的范围呢?

这两者实际上都涉及了同一个问题:治疗方案的评价体系。

11.1　纳入医保范围的疾病

对于一个国家和地区的医保机构而言,最大限度的发挥医保资金的作用,确保绝大多数人的健康,是它最重要的作用。

因此,对于社保体系下的医疗保险,必须首先回答一个问题:某种疾病,或者某种疾病的亚型,该不该被纳入医保的报销范围? 换句话说,对于这种疾病,该由医保承担还是个人承担?

对投保人而言,医疗保险的报销范围越宽,或者说覆盖面越广,当然就越有保障。然而,医保的资金总额当然是有限的,至少在目前的经济和科技发展水平之上,"全覆盖"是不可能实现的,必然有一些疾病不会被纳入医保。这个"承保的疾病目录",不仅由当时、当地的医学发展水平决定,也要考虑疾病本身的性质和社会一般观念的态度。

需要强调的是,医保绝对不是鼓励投保人不关心自己的健康,甚至放纵损害健康的行为发生。因此,对于吸毒成瘾人员因长期吸毒而造成的并发症,是否应当纳入医保,就在很多国家引发过较大的争议。毕竟,这种疾病在很大程度上是由投保人自己的不当行为造成的,相当于故意的冒险行为,在商业保险中通常都是拒绝赔付的(类似的,因酒后驾车引发的损伤,商业保险几乎都是拒绝赔付的)。然而,作为社会保险体系的一部分,医疗保险不仅具有兜底的功能,还有维护社会稳定的作用;而吸毒成瘾人员,几乎都已经是一贫如洗了,如果将这一小部分人排斥在外,则他们的生存条件就会更加糟糕,似乎不太人道,也不利于社会的安定,所以,多数国家还是将这部分吸毒成瘾人员的并发症纳入医疗保险的体系的。

通常而言,医保的报销范围,都是以"负面清单"的形式,列举不予以报销的疾病、伤害。这类"负面清单"包括:

1. 不是生死攸关的疾病,而是美容(包括医疗美容)、非功能性的畸形矫、减肥、增高、近视眼飞秒激光矫正等治疗,包括手术治疗。这类治疗虽然也有其合理性,但毕竟不是不做就会危及正常生活的,投保人如果选择去做,就应该自己承担费用,所以医保通常不予报销。

2. 目前医学上认为有较为便宜的替代品的检查、治疗项目。比如,正电子 CT 扫描(PET–CT),价格比普通的 CT 检查要贵得多,但多数情况下又是 CT 可以替代的,则医保就不将其列入报销范围。当然,这两者的治疗效果,有时候确实存在客观差异,这部分患者使用正电子 CT 扫描也是合理诉求,但医保毕竟是为大多数人服务的,不得不在少数情况下放弃对这部分要求的担当。

3. 耗资特别大的项目,如器官移植等。这类项目的花费巨大,如果频繁发生,医保基金难以担负。而社保体系下的医保,只负责基础性质的医疗保障,不保证在极大的疾病面前依然可以覆盖,所以对此是不予报销的(同时也是第 8 章里"封顶线"的一种体现),需要自行购买商业保险去覆盖。

4. 罕见的疾病。这类疾病的发生概率相对很低,如肌萎缩侧索硬化症(也就是俗称的渐冻人),在人群中的发病率不过十万分之五左右,全国范围内大致为 5 万 ~ 6 万人患病(相对而言,肿瘤的发病率就非常高了,全国范围内,每天平均有近两千人被确诊为肺癌)。换句话说,治疗它们所需的药物,在全国的总的用量也非常有限。根据(第 2 章)"规模经济"介绍过的原理,开发治疗药物、建设生产线所需的固定成本,就会分摊到总产量很少的药物之上,药物的单价就必然就会非常的高。比如,渐冻人的用药、护理费用,每年就可达 20 万 ~ 30 万人民币之多;而很多罕见病(如"渐冻人""瓷娃娃"等)都需要终身服药,因而总体的用药成本极高。

换句话说,此刻的医保就不得不做出一个选择:有限的医保基金,是用于保障受益人数较少而单人成本较高的罕见病呢,还是用于治疗受益人群更大、单人成本更低的常见病呢?是保障很有可能恢复劳动能力、以后还能继续参加医保的个体呢,还是保障几乎不可能恢复劳动能力、退出劳动者行列的个体呢?这个问题,恐怕非常难以回答。

5. 有其他专门的保险负责的范围。如女性生育,由专门的生育保险负责;职工在工作中因工伤受伤、致残,有专门的工伤保险负责,故医疗保险就不能再重复报销,以免造成资源的浪费。同时,这些专门的保险,也有自己独特的筹资渠道,单独结算更有利于医保的公平性。

6. 因外力因素介入而造成的伤病,并有明确的致害方的情形。比如,因为他人的过失或故意而造成的伤害、伤病,如交通事故、故意伤害犯罪、饲养的动物伤人等等,造成的损害包括医疗费用,当然应该由致害方承担赔偿责任。如果由医保报销了这部分费用,则等于是全体投保人为极少数伤害他人的责任人(致害方)的错误买单,显然是不公平的。

当然,医保报销的范围,随着时间、经济发展水平也在不断变化。随着综合国力越来越强,将会有更多的疾病、治疗被纳入医保报销的范围,为广大群众起到"兜底"的安全网作用。

11.2　治疗方案评价的意义

上一节讨论的是,某种疾病是不是应该被医保所覆盖;而当一个新的药物出现,或者一种新的治疗方案诞生时,医保机构还必须做另一个判断题:该不该将这种药物、这种治疗方案,纳入医保呢?

这个问题,在恶性肿瘤治疗的药物尤为明显。近年来许多靶向药物的出现,让很多过去临床上已经束手无策的患者重新看到了曙光。然而,这些药物的价格往往又都贵得吓人,医保机构又暂时未将其列入,一些患者不得不冒着各种风险从海外代购(主要是从印度,因为印度不承认药品专利,导致仿造者众多,竞争激烈,所以仿制药物价格较低)。2018 年上映的一部热门电影《我不是药神》,就是以此类药物的代购为背景的。

目前,一个可行的思路就是:对于已经被证明确有疗效的药物、治疗方法,凭借医保市场体量巨大的优势,通过单独谈判,来实现以量换价的目标。同时,通过减免关税来降低其整体价格,减轻医保和患者两方面的负担。

新闻链接:

经国务院批准,《2019 年进出口暂定税率等调整方案》自 2019 年 1 月 1 日起实施。其中,对国内生产治疗癌症、罕见病、糖尿病、乙肝、急性白血病等药品亟需进口的重要原料实施零关税,涉及 31 个税目项下 63 个品种。在接受媒体采访时,海关总署关税司负责人举例,"以某企业治疗胃癌、结直肠癌的卡培他滨片为例,其原料药卡培他滨关税税率由 6.5% 下调到 0,预计 2019 年关税成本可节约 4200 多万元,为药品价格调整留下空间。"。

而当某种常见疾病,存在多种治疗方案(比如,非手术和手术治疗两种),并且针对范围不同时,医保机构就必须做一个选择题:是将它们全部纳入医保范围内呢,还是只选择其中的 1~2 种?这种选择的核心,不仅有治疗效果上的考量,也有性价比方面的比较,还要考虑医保当年的总体收支情况。

形象地说,就是先解决"吃饱",再解决"吃好"的过程;之前我们曾经介绍过,在投保人的范围选择上,医保采取的是"公平优先,兼顾效率"的原则;而在具体到所用药物、治疗方案的选择上,医保采取的就是"效率优先,兼顾公平"的原则了。

总之,这种比较的意义,就在于充分的利用医保资金,既不排斥新的疗法,也不盲目跟风,整体上采取保守、谨慎的态度,尽可能地保护最大多数投保人和医保基金的共同利益。

11.3　治疗方案评价的逻辑

11.3.1　评价的前提

对于某个药物、治疗方案进行评价,一般应该遵循以下 3 个原则:

1. 这种方案必须是可以轻易实现的,即供给方面是充分的,且必须能够满足一定数量患者同时需求的供应能力。对于一些必须依靠个体加工、订制的生物靶向药物,通常就必须十分的谨慎,因为这意味着即便通过该方案,囿于生产能力,大多数患者依然得不到相应的治疗,则纳入医保的实际意义就太小了。当然,对于确有此类需求,又有足够经济实力的患者,则可以通过自费或购买商业保险的形式来接受这部分药物的治疗。

2. 这种方案必须是合法的。换句话说,如果这涉及一种新药,至少要求它已经国家药监管理部门批准上市,并且不会惹到其他的财产权利纠纷。比如,如果某个药物,上市不久,其发明人还在和投资人打官司,则属于该药物的归属未定,将来万一出现纠纷会非常麻烦,所以通常也不会纳入医保体系。

3. 相关的数据已经收集。比较的前提当然是量化,而新药尚未在人类身上大规模使用,只能拿到极少数志愿者的测试结果;而现有的药物和治疗方案,则完全可以通过各个医疗机构的数据进行统计,作为决策时的参考。

11.3.2　评价的基本方法

评价的基本方法,是比较两个或三个治疗方案的消费比或性价比,也就是患者受益与用药成本之间的比值。当然,这里的收益并不是指带给医保机构的经济收益,而是指用药之后,给患者带来的健康生活上的回报,实际上并不容易量化,通常会以一系列的中间指标来衡量,如肿瘤患者的 5 年生存率、心血管病患者发生心血管事件的概率(脑卒中、死亡、偏瘫等等),以此来客观的比较两个或多个方案的性价比。

得到性价比的数据后,在评价顺序上,通常会先淘汰"又贵又差"的方案;随后,再将"又贵又好"和"不贵也不好"的方案进行比较,不仅考虑其性价比,还要考虑这两种治疗方案各自的风险(比如,服药后的不良反应发生率、恶性肿瘤的复发率、转移率等较为严重的负面影响），综合得出选择意见。当然，如果存在"又便宜又好"的治疗方案，那当然是最好的，但大多数疾病中并不存在这种选择。

此外，在性价比接近的前提下，还要衡量这种药物、方案的患者的不良反应的发生概率、严重程度，尽可能地选择不良反应较少的品种，从患者治疗后的生活质量的角度看待药物选择。

而为了更精确的评价性价比，我们就会引入一个新的经济学概念：阈值。

11.4 治疗方案的阈值

所谓的"阈"，意思是"门槛"。也即是说，尽管不同类型的疾病之间无法进行横向比较，但我们可以通过阈值的计算，比较该方案在增进 1 个单位的健康效用时，所需要支付的成本。也可以说，对特定国家、地区的民众而言，为 1 个单位的"健康收益"而所愿意付出的边际成本，就是阈值。

因此，如果某新的治疗方案低于阈值，则它应该被纳入医保范围；如果超过该阈值，除非有其他重大的理由（比如，它是该疾病的唯一治疗方案），则不该被纳入报销范围。

这个阈值，通常都是根据当地的经济发展水平、国民平均收入、平均寿命等参数，综合测算而得来的，本身并没有非常精确的计算公式，更多的是一个人为划定的数字。

比如，英国的阈值为 17 万 ~ 26 万人民币，美国的阈值为 34 万人民币。世界卫生组织（WHO）的推荐数值则为人均 GDP 的 1 ~ 3 倍，也就是说，如果某种治疗方案，让某个患者多存活 1 年的成本，低于该阈值的，则非常值得推荐；处于 1 ~ 3 倍之间的，综合考虑是否使用；超过 3 倍的，通常不应该纳入医保范围。

如果按照世界卫生组织的算法，则我国居民的阈值大致为：82.7 万亿元/14 亿≈5.9 万元。换句话说，如果某种治疗方案，对于患有某种疾病的普通患者，能够增加"1 个单位的健康"，成本如果低于 6 万元人民币，那它就是非常划算的，应该纳入医保报销范围；成本在 6 万 ~ 18 万元人民币之间，则需要视具体情况再定；超过 18 万元的，就非常不合理了，医保基金通常不应该将其列入报销范围，而是由患者或商业保险承担。

这样的算法听起来过于残忍，但却是比较理性的：因为对于医保而言，所有的生命都是有价值的，如果救治某个人的花费，已经超过了救援另外 3 个人的总费用，则从逻辑和道德上说，这都是不合理的，不应该由全民共同拥有的医保基金来承担。

此刻，实际上我们已经将医保基金的使用效率，和某个患者恢复健康的单位成本挂钩起来,单位成本越低,则认为从整个社会的角度来看,医保基金的使用效率越高;反之,则是效率越低。而经济学的基本目标,就是追求资金的更高使用效率,在这一点上,医保和其他的任何交易并无差别。

11.5 质量调整生命年

那么,这里所说的"1 单位的健康",到底又是个什么呢?简单地说,这就是通过某种治疗方案,从而让某个患者多存活 1 年的时间。

然而,并不是所有患者的"1 年"都是能真正拿来享受生活的,诸多伤病都可能导致患者的功能受损,生活质量下降,甚至让患者有"度日如年""生不如死"的感觉。这部分患者的生存时间,就不能简单地以日期的加和来计算。

这里,就要引入"质量调整生命年"(QALYs)的概念了。然而,在讨论这个概念之前,我们必须先确定一些先决条件。

11.5.1 关于生命质量的共识

这些先决条件,实际上就是对于人的生命质量的一些共识,有了这些共识基础,才可能讨论质量调整生命年的概念。这些共识就是:

首先,尽管人类的医学技术不断进步,但并非所有疾病都能"治愈"。有很多疾病只能"改善",有些只能"缓解",甚至只能"延长生命"或者"减少痛苦"。同理,对于医生而言,挽救生命是第一目标,恢复身体功能是第二目标,改善生活质量是第三目标,大多数时候都无法全部实现,只好按照这个目标顺序来做。

其次,同样的生命时间,其健康价值并不一定是等同的。这就是说,当某人的身体机能受损或衰弱到一定程度时,虽然他的生命还在延续,但其健康价值已经打了折扣。换句话说,此刻的患者丧失了部分或全部工作能力,丧失了与他人沟通的能力(视、听、说),甚至丧失了最基本的自我照料能力(自己吃饭、洗脸、翻身、大小便),再将其视为健康人显然是不合理的,将他生存的"1 年"时间简单等同于普通人的"1 年"来计算医保基金的使用效率,也是不公平的。

因此,当人的身体功能、社会功能受损时,可以视为生命时间"打折"。这个说法听起来比较难以接受,但如果仅从人的效用上说,还是说得通的。比如,当某人完全陷入植物状态,长时间昏迷,则其"活着"的一年时间,带给他自己和家人的效用,恐怕不及清醒状态下的百分之一。类似的,当某人完全瘫痪在床,无法进行最简单的床边活动时,他活着的时间里能创造的生活乐趣,恐怕也比正常时要打了个对折,甚至三折。

最后,人的精神痛苦和肉体痛苦、功能丧失,本质上都是对健康的损害,对健康人体的"功能"的减少。从这个意义上说,有些没有造成器质性的功能损害的疾病,同样也可以视为健康打折,如抑郁症、应激综合征(PSTD)等等。

11.5.2 质量调整生命年的计算

有了上述共识之后,再来讨论质量调整生命年,就很好理解了:我们可以根据患者在特定时间段内的身心健康水平,将其在"不健康状态下生存的 1 年时间",折算成健康状态的时间长度,折算后的每一年时间,就是计算阈值时的"1 个健康单位"。

也可以按照边际效用的逻辑,来理解这种折算:当某人的身体或精神状况非常糟糕时,每生存一年,带给他的收益,从主观、客观两方面来评价,都已经和死亡差别不大时,此刻,治疗带给他的边际效用为零。

具体计算方法,国际上有很多标准,规则也不尽统一。比较常见的有如下几种:

1. 直接测量法

通过提问,体现患者对某个状态的生存意愿,是愿意活在某种状态下还是宁愿选择死亡。这种算法的最大弊病,在于所有疾病、症状完全处于假设,而人在没有真正遇到那些不良健康状况时,是很难准确的体会到当时的心境的,偏差会很难控制,因此并不算主流的方法。

2. 间接测量法

主要使用欧洲五维健康量表(EQ－5D)进行测评。该表格对如下 5 个领域进行打分,每项 1 ~ 3 分,比如:

行动:患者在治疗之后,能否四处走动? 是扶着床边走走,还是屋子里走走,还是能户外散步? 如果使用辅助器具(助行器、假肢等),对行动能力有多少提高? 能否从事强度较大的活动(如跑步、爬山等)?

自我照顾:能否自我日常照顾? 在诸如吃饭、穿衣、大小便等事项上,能否独立完成,还是需要他人的帮助?

日常活动:能否进行正常的工作、学习、娱乐? 如果能够的话,允许进行何种强度下的工作、学习、娱乐? 比如,能不能坚持 1 小时持续工作而不需要中断,能不能较长时间的保持注意力集中? 能否从事需要与人交流、沟通的工作(比如,听力障碍的人完全可以完成写作、剪辑的工作,却不能从事教师、司机的工作)?

疼痛:是否有疼痛或不适感,这种疼痛达到了什么程度? 如果通过镇痛药物来减轻疼痛,则需要使用什么样的药物? (普通头疼患者使用布洛芬即可,癌症终末期患者则往往要使用哌替啶甚至吗啡才能止疼,而这两种药物长时间使用都会成瘾,对健康极为不利)

焦虑/抑郁:是否有焦虑感,或压抑感,分别持续多长时间? 这种焦虑感或压抑感,会不会导致患者有自杀倾向? 这种倾向是否强烈? 是否有过实际的尝试?

上述各项的得分越低,则说明被询问者此刻的健康状况越差,生存时折合的时间也越少,在计算质量调整生命年时予以的折扣也就更大。比如,一个全身偏瘫、无法自主进食、排便、翻身的患者,多延长一年的寿命,计算下来的质量调整生命年可能只有几个月。

此外,还会使用六维健康调查短表(SF－6D)、HUI3 量表等测量工具,从听觉、语言、行动、手指灵活性、情感、认知(学习和记忆能力)、疼痛等指标上衡量质量调整生命年。这些工具则是考虑了更多的社会因素,比如能否正常进行性行为、能否与他人有效沟通等等,纬度更大,划分更细。最终,测试的结果就体现为质量调整生命年,作为评价某个治疗方案优劣的基础。

当然,上述测试量表,都是基于西方人的观念和社会习惯来设计的,和我国的具体情况恐怕会存在一些差异。比如,如果某人在经过治疗后,依然不能进行较长时间的散步,则在计算上,中国患者感受到的"折扣率"恐怕要比西方患者轻一些。

11.6　本 章 小 结

本章梳理了对不同的治疗方案的评价策略,并从经济学的角度,将这种评价以消费比(性价比)的形式予以量化。

在评价过程中,我们引入了阈值的概念。这个概念的基础,是将不同健康状态下的生存时间,按照与正常状态下社会功能和生理功能的差异,折算成标准化的生存时间年。而让患者每延长一个"质量调整生命年"所花的费用,就是不同疾病、不同治疗方案之间比较的依据。通常认为,这个费用在不超过人均 GDP 时,是值得纳入医保范围的;在 1～3 倍人均 GDP 之间,则有纳入医保的可能;当超过 3 倍时,则对于整个社会而言非常的不划算,需要慎重考虑。

总之,医保基金的经济效益,并非对医保政策的唯一的考量因素,但确实是一个非常重要的因素,直接关系到医保基金的可持续发展。

第 12 章　药品的销售体系

药品,本质上也是特殊的商品,同样也要经历生产、销售、使用的过程,同样遵循经济学上的需求和供给的一系列规律。

然而,药品又具有一些非常特殊的属性,包括沉没成本巨大、买卖双方信息不对称、药品使用上存在代理人问题(也即,患者使用什么药物往往是由医生建议甚至决定的);还要考虑法律、政策等等影响,这就使得药品的销售体系存在较大的特殊性。本章之中,将会从医药经济学的角度,解读这种特殊性及其带来的影响。

12.1　药品的特殊性

我们都知道,药品显然并非天然存在于地球上的,需要人类先将其发明创造出来,再按照一定的标准进行生产,最终再用于适合的患者。在这个过程中,就存在一些和其他商品所不同的地方。

12.1.1　新药开发的沉没成本

新药的研究、开发过程,实际上是一个成本极高、风险极大的过程。对新药开发企业来说,这个风险是如此之大,远远超过了大航海时代的商船船主们,以至于目前没有任何一家保险公司,愿意为新药开发的过程开展保险业务。而开发过程中的投入又是如此之高,通常都是以"亿美元"作为计算单位的,对谁都不是一个小数目。

具体而言,如果一个新的物质,要最终成为药物使用的话,就必须经过动物实验、少数健康人类的试验、少数患者的试验、大量患者的试验这几大阶段,证明其安全性和有效性。这几个阶段的花费都非常巨大,淘汰率却极高:按照目前的通说,每 1000 个"有苗头"的新化合物中,最终大概只有 1 个能够成为上市销售的新药。换句话说,另外 999 个新的物质,则是倒在了开发之路上的不同阶段;这些被淘汰的物质不会换来任何回报,而为它们投入的时间和资源,也成了经济学上所说的"沉没成本"。

新闻链接:

2018 年,美国礼来公司公布了 Solanezumab(索拉珠单抗)的临床Ⅲ期临床试验结果:这种物质原本希望被用于阿尔茨海默病(旧称早老痴呆)的治疗,但试验结果表明,该物质没有达到预期的效果,礼来公司随即宣布放弃它的研究。这意味着,这项上百名科研人员历时 6 年、耗资 10 亿美元的研究工作彻底搁浅,前期投入完全得不到任何回报,全部化为泡影。而在 2017 年,美国 Axovant Sciences 公司开发的治疗阿尔茨海默病的新药 Intepirdine,也在Ⅲ期临床试验中被证明是一项失败的产品,公司损失惨重,其股票价格从 27 美元/股的顶点,跌至 2018 年的低谷 2.38 美元/股,公司市值蒸发了九成以上,其影响可见一斑。

从经济学的基本假设来看,能够促使药品生产企业去开发新药的唯一动力,当然是在新药成功上市之后,获得高额的回报,足以覆盖该药物的开发成本,并填补其他新药开发失败造成的损失,最终并给企业带来巨大的收益,也给企业的投资人(比如,风险投资基金、上市公司的股东们)带来收益。因此,成功上市的新药,价格往往是非常高昂的,这就相当于是对高开发风险、高开发成本所做出的补偿,从经济学角度来看,是完全合理的。在业界甚至有一个说法,某一个昂贵的药物,其实价格已经很便宜了,那是因为患者吃到的已经是"第二颗药";而新药的开发成本,也就是"第一颗药"的价格,才是真正的天价。

反过来说,如果某个新药的定价很低,和现有药物的毛利润率相差无几,则企业当然没有动力去从事新药开发。类似的,如果新药开发后,外部性得不到控制,其他企业纷纷仿制该药物,则开发该药物的厂家也无利可图(参见本书第 3.2.3 中有关科斯定律的介绍)。这两种情况,都只会导致一个结果:

从经济学的基本假设出发,就没有企业会投入资源,搞新药开发了。

这对于整个社会的科学技术水平进步,显然是不利的。对于患者而言,也就错过了许多或许可以治愈、改善的新药的机会,最终损害的是整个社会的共同利益,是应该极力避免的状况。

12.1.2　药品使用中的代理人风险

正如前文所述,药品的使用之中,因为医患双方的知识差异较大,存在着信息不对称,从而导致代理人风险;类似的理由,如果医患联手,也可能给医保机构带来极大的风险(详见第 10 章第 1 节),此处不再赘述。

12.1.3　议价能力上的差异

理论上说,买卖双方对于产品的定价,仅仅取决于供给和需求之间的平衡。然而,对于药品而言,特别是在社保体系下的医保介入之后,双方的议价能力是完全不对等的。

前已述及,药品高昂的前期投入,必须依赖规模经济的原理,分摊到数量巨大的产品之中,才有可能收回投资、获取回报。从这个意义上说,药品的销量甚至比价格更为重要,"有价无市"带给药品生产企业的不仅是尴尬,更是巨额的亏损。

相应的,医保机构作为医疗费用的最终支付者(以报销的形式),尽管只是承担了总体医疗费用中的一部分,却有了极大的话语权,在议价能力上对于企业存在绝对的优势:一旦某个药物被纳入医保,就意味着大量的患者在治疗方案上更倾向于接受该药物的使用,因为其成本得到了医保机构的分摊,患者自己承受的费用减少。相反,如果某个药物被从医保报销的范围中剔除出去,就意味着使用它的患者将不得不自行承担全部费用,对其销量肯定会有极大的负面影响。医保机构的态度,此刻就决定了该药物在临床上"用不用"和"用多少",直接影响到该企业的实际收益水平。

很显然,某个医保机构的规模越大、参保人数越多、覆盖的疾病范围越广,则该医保机构的优势就越强。正是基于这个原理,世界上的各个国家和地区,普遍都开始采取集中建设医保机构或医保机构联盟的方式,提高自身的议价优势。2018年,我国组建了国家医疗保障局,统管全国数亿人的医疗保险工作,可能也有这种原理的考虑。

12.1.4 仿制药品和专利断崖现象

专利,是对发明创造的一种褒奖,允许发明人在一定时间内,完全垄断该技术的使用,并从中获取收益的制度。国家通过对专利权的保护,让发明人所投入的资金、时间能够得到回报,从而鼓励更多的人从事发明创造。

而开发出来的新药,是否适用于专利保护制度呢?如今,世界上的绝大多数国家和地区,是承认这种专利权的;但在过去,很多国家为了保护民众健康、降低医疗开支,是不承认药品也可能具有专利权的。比如我们的邻居印度,到今天依然不承认药品具有专利权。

总体而言,承认药品专利,对于一个国家而言是利大于弊的。虽然不承认专利制度,可以保护国内的制药企业度过较弱的发展前期阶段,同时也可以让本国民众和医保基金,以较便宜的价格买到药品(比如,印度的仿制药就非常多,因而价格比原研药品便宜很多),但长此以往,国内的制药企业也不会再有动力去投资开发新药(因为开发出来的新药,会被其他厂家无偿的仿制,从而让新药价格很快跌至实际的制造成本,开发的厂家完全没有获得应有的回报),出现劣币驱逐良币的现象,最终让本国的医药工业始终处于较低的水平。另外,作为一个负责任的大国,长期否定药品所应具有的知识产权属性,容易导致民众对于法律、产权等问题产生认识上的混乱,不利于我国对外的国家形象树立,也不利于社会的法制化建设进程。

因此,我国目前的法律,是承认新药开发是可以获得专利权的。这就必然带来新药价格高昂的问题:拥有专利权的厂家,实现了法律意义上的绝对垄断,如果该药品真的为市场所认可,则该厂家就可以为该药品设定一个很高的价格,这就加剧了"看病贵"的问题,同时,让医保机构无法将很多有效却又非常昂贵的新药纳入报销目录。

一个解决思路,就是促进"专利断崖"的到来。也就是说,当专利到期之后(我国法律规定,发明专利权的有效期为 20 年,自申请之日算起),专利就进入了社会共有的范围,其产品的价格就会迅速下降,直到价格等于其生产的边际成本,从价格曲线上看,就像是突然出现了一座断崖,因而也称为"专利断崖"(Patent Cliff)。

然而,有些药物在专利到期后,其竞争者并没有及时出现,从而让其价格依然保持在较高的水平上。这通常是由技术壁垒造成的,即仿制药品在疗效和使用方便性上,和原先开发的新药(通常称为"原研药")还有一定的差距,从而得不到市场的认可。

解决之道,就是积极推进药品一致性评价工作。也就是说,从安全性、有效性、服用后体内的分布代谢等等方面,综合考察仿制药品,确认其生物活性、行为,与原研药完全一致。这样,患者和医生就更有信心来选择仿制药,代替昂贵的原研药(通常为进口品种),从而间接地促进原研药主动降价、参与竞争。

据悉,在 2015 年~2020 年期间,全球每年都有超过 200 个品种的药品专利到期,其市场范围十分可观。如果国内企业能够抓住机遇,在一致性评价上顺利推进,相信能够对缓解高药价问题起到积极的作用。

12.2 旧式药品销售体制的弊病

无须讳言,在旧式的药品销售体系中,还存在诸多弊病,严重地影响了医保基金的使用效率,滋生了许多不必要的花费,阻碍了群众的获得感提升,必须进行改革。

12.2.1 药品"带金销售"的问题

所谓药品"带金销售",指的是一些药品生产、经营企业,在药品销售过程中,以不正当的手段来获取更高销量的行为,通常以商业贿赂、利益输送的形式或以"回扣"的形式出现,都属于违法行为。

这种行为,除了妨碍药品企业之间的公平竞争,还会带来一个更严重的问题:诱使极少数医生为患者开出不必要的药物,从而增大了患者和医保机构的负担。

这也就是多年来为广大群众所诟病的"大处方"的根源,还可能造成药物的不合理使用(如抗生素滥用、辅助药物滥用等问题)。

新闻链接:

2013年7月,我国公安部通告:经过长期的缜密侦查,破获了一起跨国医药公司在我国长期实施对医生的商业贿赂的案件。该公司来自英国,简称G公司,通过与不法旅行社合作的模式,为极少数医疗机构中的医生提供利益交换,资助其去境外免费旅游,换取这些医生开出G公司生产、销售的药品。2014年,长沙市中级人民法院,以"对非国家工作人员行贿罪",判处G公司4名前高管有期徒刑,并对G公司处以30亿元人民币的罚金,创下了当时我国对企业科处罚金的最高纪录。G公司的英国总部也随后表达了歉意,并对我国政府打击商业腐败的努力表示支持。

总之,这种销售模式,对于整个社会而言都是百害无一利的,对于医保体系的健康运行更是祸害无穷,必须予以坚决的打击,并在制度上加以预防。

12.2.2 以药养医模式的问题

前已述及,在医疗服务的定价体系没有理顺,医疗机构获得的财政投入不足的情况下,以药养医曾经是一个无奈的选择。然而,这个选择又滋生了新的问题:如果允许医疗机构,对于药品进行加价销售,则销售总额越高,医院获得的利润就越大;那么,如何才能避免医疗机构在选择治疗方案时,有意或无意地倾向于价格更高的哪一种呢?

当然,我们应当承认,绝大多数的医疗机构和医护人员,都是以患者的切身利益为第一考量的。然而,职业道德上的善良,往往难以抵抗机制上的缺陷,人性是最经不起试探的。要切实保障医患双方的利益,以药养医的模式就必须摈弃。

12.2.3 层层加价模式的问题

在某些药品的销售环节中,还存在着多层经销的现象。也即是说,当某个药品从生产企业合格出厂后,先卖给了地区的代理商,再由代理商卖给市县级的二级经销商,二级经销商通过配送企业,然后才销售到医院,进入药房。在每个中间环节中,当然都存在着必要费用、合理利润的需求,而这些需求,最终都会计入总体的药价,由患者和医保机构共同买单。

然而,这种模式的存在,又有其深层次的原因:当药物出厂之后,能否顺利卖给医院、用于患者,是具有不确定性的。药厂以较低的出厂价格将药物卖给代理商之后,就不再承担这种"药卖不出去的"风险(即无论是否销售成功,都和药品生产企业无关);而代理商在承担风险的同时,也就换来了获得较高中间差价的机会。

此外,在旧的销售模式之中,决定一个药物能否在某个特定的医疗机构销售、用量大小,医院和具有处方权的医生有很大的自由选择权。因此,就必须有销售人员负责和医疗机构、医生沟通(这种职位,在业界通称为医药代表),才能保证特定药品的销售顺畅。然而,中国幅员辽阔,大大小小、成千上万的医疗机构,需要的销售人员当然也是数量庞大的,要让药厂来雇佣这么多的销售人员,显然是很难实现的。因此,在每个区域选择一两家代理经销商,由经销商自行解决销售人员队伍的问题,对于药品生产企业而言,就是一个非常经济而现实的选择。

如此一来,药品流通的过程中,实际上并未创造价值,却因为多次流转而层层加价,实实在在的推高了药价,是一个极不合理的现象。

12.3　我国在药品销售领域的改革措施

针对上述弊病,党和国家也做出了相应的部署,力图予以革除。在十八大以来,我国医保机构、卫生行政主管部门、药品食品监督行政管理部门连续推出了多项改革,其中,最有"杀伤力"的三大措施,就是药品零差价、两票制和带量采购,有效的挤出了药品价格中的虚高部分,切切实实地让老百姓获得了好处,增加了获得感。

12.3.1　药品零差价制度

所谓"药品零加价"制度(也有地方称之为"药品零加价"),即医院在购入药物之后,必须换算成相应的单价再卖给患者,在此过程中,不允许加价。

从 20 世纪 50 年代开始,药品在医院中是允许加价销售的,加价幅度通常都在15%左右(比如,某种药品,医院的买入价格为 10 元/盒,卖给患者时则允许加价到11.5 元/盒),以这种加价来弥补当时医疗卫生体制上的资金投入不足问题,实质上就是前文提到的"以药养医"制度的发端。

而实施零差价制度的效果,当然就是让医院在药物使用上没有利益的考虑,能够更纯粹地从医学、从患者实际需求出发去选择药物,也就没有动力去特意选择价格更高的药物了。在 2012 年试点实施以来,各地普遍都反映药占比(药品总金额在医保报销总额中的比例)有所下降,起到了控制医保费用增长过快的辅助作用。2015 年,试点开始实施;2017 年,我国全部公立医院均实施了零差价制度,"以药养医"彻底成为历史。

然而,零差价制度又是存在缺陷的:医院购入药品之后,必须提供仓储服务,而许多药品是必须在低温条件下保存的,这就涉及电费和场地费用的问题;此外,医院有一项重要的职能就是药事服务,由执业药师或临床药师,对医生开出的处方进行复核和调配,以确保处方的合理性(比如,两种药物不能同时使用,而医生误将其同时开给某位患者),对住院患者还有定期的药效监测工作(比如,对于使用巴比妥类药物的患者,必须定期监测血液中的药物浓度,以确保不会出现偶发的不良反应风险)。而这部分服务,在目前的医疗费用中是没有项目能够加以体现的。换句话说,一旦"零加价"制度全面铺开,这些仓储、分拣、复核、调配、临床监测等等药事服务的费用,就完全找不到出处,只能从诊疗费的蛋糕中"切出"一块来。这样,对于开展药事服务、提高医疗水平,都是极为不利的。

法规链接:

《国务院办公厅关于全面推开县级公立医院综合改革的实施意见》(国务院办公厅,2015年4月23日,以国办发〔2015〕33号文发布):

......

(十一)破除以药补医机制。所有县级公立医院推进医药分开,积极探索多种有效方式改革以药补医机制,取消药品加成(中药饮片除外)。县级公立医院补偿由服务收费、药品加成收入和政府补助三个渠道改为服务收费和政府补助两个渠道。医院由此减少的合理收入,通过调整医疗技术服务价格和增加政府补助,以及医院加强核算、节约运行成本等多方共担。各省(区、市)制订具体的补偿办法,明确分担比例。中央财政给予补助,地方财政要调整支出结构,切实加大投入,增加的政府投入要纳入财政预算。将医院的药品贮藏、保管、损耗等费用列入医院运行成本予以补偿。......

《关于全面推开公立医院综合改革工作的通知》(国务院医改办等7个机构,于2017年4月19日,以国卫体改发〔2017〕22号文发布):

......

(五)巩固完善前4批试点城市公立医院综合改革。巩固取消药品加成成果,进一步健全公立医院维护公益性、调动积极性、保障可持续的运行新机制和科学合理的补偿机制。

......

(二十三)合理确定医务人员薪酬水平。根据医疗行业培养周期长、职业风险高、技术难度大、责任担当重等特点,国家有关部门要加快研究制定符合医疗卫生行业特点的薪酬改革方案。

......

因此,在实施零加价制度的同时,必须对因为取消药品加价而给医院带来的收入缺口加以补偿。通常由中央和地方财政,按照一定比例予以分摊。目前,在多数地区,提高医疗服务价格、中央和地方的财政补贴,以及医院自行消化三个方案,对缺口的分摊比例大致是 8:1:1[①]，基本上是通过让医疗服务（诊断、治疗、护理等服务）的价格回归实际价值来实现的。

　　总之，药品零差价制度，就在于清理历史遗留问题，理顺被扭曲的医疗服务的价格，剥离附着在药品价格上的不合理费用，真正让药品按照经济学的规律来定价，降低群众看病的负担。

12.3.2　两票制的改革

　　针对药品销售、流通领域中，屡屡倒手、层层加价的问题，党和政府也提出了一个解决之道：两票制改革。

　　所谓两票制，意思是任何一件药品，从生产企业到医院药房的整个流通过程中，最多只允许出现两张发票，且两张发票上的药品价格要能够彼此衔接得起来。换句话说，无论在整个流通环节中，总共出现了多少个中间商，都只允许加价两次。

　　用一张图来表示，就是下面这样：

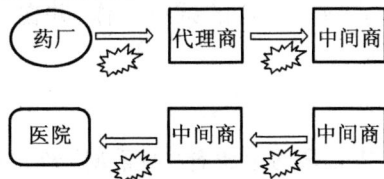

图 12 - 1　多层代理制和两票制的比较

　　在图 12 - 1 中，"星芒"符号表示开具发票的环节，"两票制"的名字就是从此而来。实际上，有些药物品种，甚至经过了 5 ~ 6 家中间商，才进入医院的药房，中间的层层加价可想而知。

　　在一些地方，还出现了借用有医药销售资质的企业进行"挂靠"的个体经营者（实质就是租借营销企业的证照和账户），虚开发票（俗称"过票"）、洗钱等等衍生的违法犯罪行为，不仅加重了患者和医保基金的负担，还扰乱了医药市场的正常秩序，甚至导致伪劣药品进入流通领域，严重危害了公众的用药安全，影响非常恶劣。

---

　　① 叶然,郑大喜,唐志朋,等。药品零差价下公立医院的对策[J]. 卫生软科学,2018,32(9):9 - 11.

新闻链接：

2016 年，山东警方破获一起特别重大的非法销售疫苗案件：罪犯庞红卫、孙琪等人，在没有任何疫苗经营资质的情况下，勾结众多不法分子，采用编造药品销售记录、出租出借证照、挂靠走票等等手段，非法经营疫苗，向无资质的单位和个人销售疫苗等生物制品；疫苗的储运过程中，完全没有保持所需的低温"冷链"，导致大批疫苗失效。该案的案值达到 5.7 亿元，大量的疫苗未经严格冷链存储运输销往 24 个省市，社会危害巨大。最终，包括这两人在内的 137 人被判刑，41 家药品经营企业被吊销《药品经营许可证》。

按照"两票制"的设计，当药品最终进入医院时，还必须附上之前全部发票、发货单、合格证等单据的复印件备查；而医保机构在向医疗机构支付相应的药费时，则必须对上述单证进行核查，如果出现药品、票据、账册三者不一致的情况，则有权拒绝支付药费。如此一来，药品流通环节中的层层加价的现象，就遇到了釜底抽薪的打击。

我国在 2016 年即开展了"两票制"的试点工作，并在 2018 年向全国各个省市全面推广。

法规链接：

《关于在公立医疗机构药品采购中推行"两票制"的实施意见（试行）》，国务院医改办等 8 个国家机构，于 2016 年 12 月 26 日，以国医改办发〔2016〕4 号文发布。

……

"两票制"的界定："两票制"，是指药品生产企业到流通企业开一次发票，流通企业到医疗机构开一次发票。

在公立医疗机构药品采购中推行"两票制"的地区，集中采购机构编制采购文件时，要将执行"两票制"作为必备条件。

公立医疗机构在药品验收入库时，必须验明票、货、账三者一致方可入库、使用，不仅要向配送药品的流通企业索要、验证发票，还应当要求流通企业出具加盖印章的由生产企业提供的进货发票复印件，两张发票的药品流通企业名称、药品批号等相关内容互相印证，且作为公立医疗机构支付药品货款凭证，纳入财务档案管理。每个药品品种的进货发票复印件至少提供一次。

相信，随着两票制的实施，上述药品销售环节中的乱象，将会得到有力的整治。

当然，随着两票制的全面铺开，还会导致一些难以精确预测的变化。比如，小的药品销售企业会大批量的被淘汰出局，促进药品销售、配送企业的资本集中；一些边远地区，还可能出现用量较少的药物品种配送不及时的现象，这些都必须在政策的执行中加以正确应对。

12.3.3　带量采购的改革

在 2018 年 9 月,在党中央、国务院的统一部署下,我国又开始了一项更重要、影响更深远的药品销售领域的改革尝试:带量采购制度。

在现行的药品招标中,通常是由省级医保部门,向各个药品生产、销售企业发出投标邀请,请他们对特定品种的药物报价、投标。其中,每个品种会选中 1～2 家中标企业,区域内的各个医保定点医院,在使用药物时则优先向中标企业采购。

这种制度设计的初衷,就是"以量换价",促使药品生产、销售企业降低药品报价。然而,在现实之中却出现了"一招就死""中标不卖货"的尴尬局面:中标企业的药品,虽然进入了招标目录,却不被区域内的医院进货或进货量很少,反而是未中标的同类药品能够以改换规格等形式进入医院之中,让招标的作用流于表面。这种现象,归根到底,还是因为药品采购权依然在医院手里,医保机构实际上无法干预。

于是,2018 年 9 月 13 日,由国家医疗保障局主导的 11 个试点城市"4＋7"[①]带量采购,横空出世了。所谓带量采购,就是代表这 11 个城市医保机构的联盟,向药品生产、销售企业招标,价格最低者中标;和以往不同的是,带量采购制度规定"招采合一",也就是确定中标企业的同时,也立即确定采购额度。具体数额,就是在以这 11 个城市上一年度,对招标药物的使用总额的 50%～70%。换句话说,一旦某个企业在某个药物上中标,则这 11 个城市该品种总使用量的"半壁江山",都归该企业所有。

此外,医保机构在确定中标企业的同时,就将上述药品总销售金额(中标价格 X 总使用量)的 20%～30%,一次性预付给生产企业。

对于药品生产、经营企业而言,带量采购带来的收益是巨大的:首先,免去了向各个地区、各个医院推荐自家药品的成本;其次,一旦占据了这 11 个城市某种药品销量的 50%－70%,其他的竞争对手就只能分食剩下的 30%－50%,市场规模将非常有限,从而无利可图,最终退出市场,等于就是在该品种上实现了垄断。再者,也省去了向各个医院收款的麻烦,直接向医保联盟结算,交易成本大大降低。

而为了中标,各个药品生产企业唯一的办法就是主动压低价格,直到价格接近边际成本。事实上,这次带量采购的效果非常明显,几乎所有药品都出现了中标价格"跳水"的现象,有些药品甚至是全球最低价格。最终,企业都会把价格回归到理性层面,把用于销售环节的费用彻底挤干,真正让患者、医保机构获得药品价格

[①]　所谓 4＋7,指的是 11 个试点城市,包括 4 个直辖市(北京、上海、天津、重庆)和 7 个大城市(广州、深圳、沈阳、大连、西安、成都、厦门)。

下降的实际好处,企业也通过大量的采购而获取应得的利润。

新闻链接:

2018 年 11 月 14 日,中央全面深化改革委员会第五次会议审议通过《国家组织药品集中采购试点方案》,明确了国家组织、联盟采购、平台操作的总体思路。11 个试点地区,委派代表组成的联合采购办公室,在 11 月 15 日发布了《4 + 7 城市药品集中采购文件》。随后,2018 年 12 月 6 日,"4 + 7"带量采购招标结构公布。31 个中标品种中,整体降价幅度达到了 52%,几乎"腰斩"。其中,抗病毒药物恩替卡韦的降价幅度,达到了惊人的 90%;降血脂药物阿托伐他汀,降价幅度超过 80%;治疗高血压药物厄贝沙坦降价幅度也超过 60%,降价幅度非常明显,给药品销售领域的改革带来了激动人心的一幕。

同时,为保证医疗机构能够切实配合带量采购,参与"4 + 7"带量采购改革的各地医保局,还纷纷出台措施,规定医疗机构必须优先选用中标产品,对于同一种药品而言,在中标企业的药品的配额用完之前,不得在处方中开出非中标企业的同品种药品。否则,医保机构通过对电子处方的分析,就会约谈相关医院负责人,直至暂停该医院的医保定点机构资格、暂停该医师的医保报销范围内的处方权。

相应的,医疗机构被明确为中标的药品生产企业回款(收回药物货款)的第一责任人,也就是说,医院必须先将药物的价款及时支付给药品生产企业,医保机构才会向医院拨付相应的医保报销款,从而形成对医院向企业及时付款的督促机制,保证药品企业的正当权益。

这种带量采购的方式,目前还处于试点阶段,占我国医保报销的药物市场的总规模也很小(据测算,本次 4 + 7 涉及的药品招标总额,大约为这 11 个城市的医保每年报销总额的 0.5% 左右)。但它体现了经济学中的"议价能力优势"的原理,就像是撬动地球的那根杠杆,或许是有着极大的发展空间。2019 年 1 月,国务院办公厅发布了《国家组织药品集中采购和试点方案》,正式吹响了将带量采购在全国范围内铺开的号角,未来走势如何,非常值得期待。

此外,在一些尚未参加"4 + 7"带量采购的地区,也开始尝试药品销售企业参照"4 + 7"采购中的中标价格进行报价,未主动回应者,则取消挂网销售的资格,这实际上进一步扩大了带量采购的范围。

法规链接:

《国家组织药品集中采购和试点方案》(国务院办公厅,2019 年 1 月 1 日,以国办发[2019]2 号文发布)

……

（一）带量采购，以量换价。在试点地区公立医疗机构报送的采购量基础上，按照试点地区所有公立医疗机构年度药品总用量的 60%—70% 估算采购总量，进行带量采购，量价挂钩、以量换价，形成药品集中采购价格，试点城市公立医疗机构或其代表根据上述采购价格与生产企业签订带量购销合同。剩余用量，各公立医疗机构仍可采购省级药品集中采购的其他价格适宜的挂网品种。

（二）招采合一，保证使用。通过招标、议价、谈判等不同形式确定的集中采购品种，试点地区公立医疗机构应优先使用，确保 1 年内完成合同用量。

12.3.4　医保支付标准价格

在带量采购进行试点的同时，另一个改革也悄然铺开，那就是医保支付标准价格。

这个改革的核心是：在一定范围内（比如，一个省或几个省），对同一种药品（使用同一个通用名、剂型剂量都相同的药品），无论生产厂家的定价如何，医保机构都只按照一个价格向医院结算。换句话说，如果医院采购的这种药品的价格，超过了医保机构核定的结算价格，则医院就只能自行承担差价的损失。当然，医疗机构不会做这种傻事，所以要么不会购买价格超标的药物，要么超标部分必须由患者补足，也就是让患者自行承担。

这个价格，由带量采购时确定的中标价格决定，也就是说，带量采购之外的那 30% 剩余采购量，同样按照带量采购的价格执行医保支付。如果患者及其家属希望使用某个指定厂家的药品，就得为这种选择承担部分费用了。

法规链接：

《国家组织药品集中采购和试点方案》（国务院办公厅，2019 年 1 月 1 日，以国办发［2019］2 号文发布）

……探索试点城市医保支付标准与采购价协同。对于集中采购的药品，在医保目录范围内的以集中采购价格作为医保支付标准，原则上对同一通用名下的原研药、参比制剂、通过一致性评价的仿制药，医保基金按相同的支付标准进行结算。患者使用价格高于支付标准的药品，超出支付标准的部分由患者自付，如患者使用的药品价格与中选药品集中采购价格差异较大，可渐进调整支付标准，在 2—3 年内调整到位，并制定配套政策措施；患者使用价格低于支付标准的药品，按实际价格支付。

12.4 本章小结

本章深入剖析药品这种商品的特殊之处,解释了之前提到的"四方博弈"中的困局的表现。旧式药品销售体系中存在的各种弊病,如层层加价、以药养医、带金销售等灰色甚至黑色的地带,并解释了我国目前针对这些问题所做出的改革措施,如两票制、零差价销售、带量采购等等。这些措施的背后,都是运用经济学规律,通过医保的买方优势,以政策调整的形式来实现的。最终的目标,依然是堵住医保基金流失的漏洞,让医保实现更广的覆盖、更有力的保障。

第 13 章　展　　望

在即将结束本书的时候，我们希望各位读者能够合上书卷，再从经济学的最基本原理，回望医疗保险制度中的种种现象。或许，一些看似纷繁复杂的问题，其背后的经济学本质却是简单直白而又亘古不变的。

比如，大洋彼岸的美国，正经历着对"奥巴马医改"成果的存废的巨大争议。支持者认为，"奥巴马医改"解决了那些被保险公司拒之门外的弱势群体的医疗保险问题，属于功劳巨大；反对者认为，这项改革加重了中产阶级、工薪阶层的负担，属于祸国殃民。在这种两极分化的背后，本质上的争议似乎也可以归纳为：在不考虑外部注入资金的前提下，医保应该保护更多的人，还是让被保护的人更加安全？效率更重要，还是公平更重要？如何防止社会保险性质的医保，与商业性质的医保发生混同？

又比如，在当下争议较大的"医药代表"现象。批评者认为，医药代表只是充当了药厂的说客，损害的是患者和医保基金的共同利益；支持者认为，医药代表充当了药厂与医生之间的媒介，让医生更充分的了解某种药品——实际上，这不过是一枚硬币的两面，医药代表的存在，有助于打破信息不对称，更精确合理的用药（在这一点上，医药代表甚至担负了部分临床药师的职责），但也可能促成医生与药厂之间的同盟，又是对患者利益有损害的。因此，我们很难准确地说，医药代表现象究竟该不该存在。

总之，经济学的基本原理，更像是一个手术刀，帮助我们剖开纷繁复杂的表象，冷静的分析事物背后的运作原理。在社会保险这个政策敏感性强、牵涉面巨大的工程背后，有经济学原理作为分析工具，想来是更有助于我们全面、充分的看待社保中的诸多问题的。

附 录 一

中华人民共和国社会保险法

中华人民共和国主席令 第三十五号

《中华人民共和国社会保险法》已由中华人民共和国第十一届全国人民代表大会常务委员会第十七次会议于 2010 年 10 月 28 日通过,根据 2018 年 12 月 29 日第十三届全国人民代表大会常务委员会第七次会议《关于修改〈中华人民共和国社会保险法〉地决定》修正。

第一章 总 则

第一条 为了规范社会保险关系,维护公民参加社会保险和享受社会保险待遇的合法权益,使公民共享发展成果,促进社会和谐稳定,根据宪法,制定本法。

第二条 国家建立基本养老保险、基本医疗保险、工伤保险、失业保险、生育保险等社会保险制度,保障公民在年老、疾病、工伤、失业、生育等情况下依法从国家和社会获得物质帮助的权利。

第三条　社会保险制度坚持广覆盖、保基本、多层次、可持续的方针,社会保险水平应当与经济社会发展水平相适应。

第四条　中华人民共和国境内的用人单位和个人依法缴纳社会保险费,有权查询缴费记录、个人权益记录,要求社会保险经办机构提供社会保险咨询等相关服务。个人依法享受社会保险待遇,有权监督本单位为其缴费情况。

第五条　县级以上人民政府将社会保险事业纳入国民经济和社会发展规划。国家多渠道筹集社会保险资金。县级以上人民政府对社会保险事业给予必要的经费支持。国家通过税收优惠政策支持社会保险事业。

第六条　国家对社会保险基金实行严格监管。国务院和省、自治区、直辖市人民政府建立健全社会保险基金监督管理制度,保障社会保险基金安全、有效运行。县级以上人民政府采取措施,鼓励和支持社会各方面参与社会保险基金的监督。

第七条　国务院社会保险行政部门负责全国的社会保险管理工作,国务院其他有关部门在各自的职责范围内负责有关的社会保险工作。县级以上地方人民政府社会保险行政部门负责本行政区域的社会保险管理工作,县级以上地方人民政府其他有关部门在各自的职责范围内负责有关的社会保险工作。

第八条　社会保险经办机构提供社会保险服务,负责社会保险登记、个人权益记录、社会保险待遇支付等工作。

第九条　工会依法维护职工的合法权益,有权参与社会保险重大事项的研究,参加社会保险监督委员会,对与职工社会保险权益有关的事项进行监督。

第二章　基本养老保险

第十条　职工应当参加基本养老保险,由用人单位和职工共同缴纳基本养老保险费。无雇工的个体工商户、未在用人单位参加基本养老保险的非全日制从业人员以及其他灵活就业人员可以参加基本养老保险,由个人缴纳基本养老保险费。公务员和参照公务员法管理的工作人员养老保险的办法由国务院规定。

第十一条　基本养老保险实行社会统筹与个人账户相结合。基本养老保险基金由用人单位和个人缴费以及政府补贴等组成。

第十二条　用人单位应当按照国家规定的本单位职工工资总额的比例缴纳基本养老保险费,记入基本养老保险统筹基金。职工应当按照国家规定的本人工资的比例缴纳基本养老保险费,记入个人账户。无雇工的个体工商户、未在用人单位参加基本养老保险的非全日制从业人员以及其他灵活就业人员参加基本养老保险的,应当按照国家规定缴纳基本养老保险费,分别记入基本养老保险统筹基金和个人账户。

第十三条　国有企业、事业单位职工参加基本养老保险前,视同缴费年限期间应当缴纳的基本养老保险费由政府承担。基本养老保险基金出现支付不足时,政府给予补贴。

第十四条　个人账户不得提前支取,记账利率不得低于银行定期存款利率,免征利息税。个人死亡的,个人账户余额可以继承。

第十五条　基本养老金由统筹养老金和个人账户养老金组成。基本养老金根据个人累计缴费年限、缴费工资、当地职工平均工资、个人账户金额、城镇人口平均预期寿命等因素确定。

第十六条　参加基本养老保险的个人,达到法定退休年龄时累计缴费满十五年的,按月领取基本养老金。

参加基本养老保险的个人,达到法定退休年龄时累计缴费不足十五年的,可以缴费至满十五年,按月领取基本养老金;也可以转入新型农村社会养老保险或者城镇居民社会养老保险,按照国务院规定享受相应的养老保险待遇。

第十七条　参加基本养老保险的个人,因病或者非因工死亡的,其遗属可以领取丧葬补助金和抚恤金;在未达到法定退休年龄时因病或者非因工致残完全丧失劳动能力的,可以领取病残津贴。所需资金从基本养老保险基金中支付。

第十八条　国家建立基本养老金正常调整机制。根据职工平均工资增长、物价上涨情况,适时提高基本养老保险待遇水平。

第十九条　个人跨统筹地区就业的,其基本养老保险关系随本人转移,缴费年限累计计算。个人达到法定退休年龄时,基本养老金分段计算、统一支付。具体办法由国务院规定。

第二十条　国家建立和完善新型农村社会养老保险制度。新型农村社会养老保险实行个人缴费、集体补助和政府补贴相结合。

第二十一条　新型农村社会养老保险待遇由基础养老金和个人账户养老金组成。参加新型农村社会养老保险的农村居民,符合国家规定条件的,按月领取新型农村社会养老保险待遇。

第二十二条　国家建立和完善城镇居民社会养老保险制度。省、自治区、直辖市人民政府根据实际情况,可以将城镇居民社会养老保险和新型农村社会养老保险合并实施。

第三章　基本医疗保险

第二十三条　职工应当参加职工基本医疗保险,由用人单位和职工按照国家规定共同缴纳基本医疗保险费。无雇工的个体工商户、未在用人单位参加职工基本医疗保险的非全日制从业人员以及其他灵活就业人员可以参加职工基本医疗保险,由个人按照国家规定缴纳基本医疗保险费。

第二十四条　国家建立和完善新型农村合作医疗制度。新型农村合作医疗的管理办法,由国务院规定。

第二十五条　国家建立和完善城镇居民基本医疗保险制度。城镇居民基本医疗保险实行个人缴费和政府补贴相结合。享受最低生活保障的人、丧失劳动能力的残疾人、低收入家庭六十周岁以上的老年人和未成年人等所需个人缴费部分,由政府给予补贴。

第二十六条　职工基本医疗保险、新型农村合作医疗和城镇居民基本医疗保险的待遇标准按照国家规定执行。

第二十七条　参加职工基本医疗保险的个人,达到法定退休年龄时累计缴费达到国家规定年限的,退休后不再缴纳基本医疗保险费,按照国家规定享受基本医疗保险待遇;未达到国家规定年限的,可以缴费至国家规定年限。

第二十八条　符合基本医疗保险药品目录、诊疗项目、医疗服务设施标准以及急诊、抢救的医疗费用,按照国家规定从基本医疗保险基金中支付。

第二十九条　参保人员医疗费用中应当由基本医疗保险基金支付的部分,由社会保险经办机构与医疗机构、药品经营单位直接结算。社会保险行政部门和卫生行政部门应当建立异地就医医疗费用结算制度,方便参保人员享受基本医疗保险待遇。

第三十条　下列医疗费用不纳入基本医疗保险基金支付范围:(一)应当从工伤保险基金中支付的;(二)应当由第三人负担的;(三)应当由公共卫生负担的;(四)在境外就医的。医疗费用依法应当由第三人负担,第三人不支付或者无法确定第三人的,由基本医疗保险基金先行支付。基本医疗保险基金先行支付后,有权向第三人追偿。

第三十一条　社会保险经办机构根据管理服务的需要,可以与医疗机构、药品经营单位签订服务协议,规范医疗服务行为。医疗机构应当为参保人员提供合理、必要的医疗服务。

第三十二条　个人跨统筹地区就业的,其基本医疗保险关系随本人转移,缴费年限累计计算。

第四章　工伤保险

第三十三条　职工应当参加工伤保险,由用人单位缴纳工伤保险费,职工不缴纳工伤保险费。

第三十四条　国家根据不同行业的工伤风险程度确定行业的差别费率,并根据使用工伤保险基金、工伤发生率等情况在每个行业内确定费率档次。行业差别费率和行业内费率档次由国务院社会保险行政部门制定,报国务院批准后公布施行。社会保险经办机构根据用人单位使用工伤保险基金、工伤发生率和所属行业费率档次等情况,确定用人单位缴费费率。

第三十五条　用人单位应当按照本单位职工工资总额,根据社会保险经办机构确定的费率缴纳工伤保险费。

第三十六条　职工因工作原因受到事故伤害或者患职业病,且经工伤认定的,享受工伤保险待遇;其中,经劳动能力鉴定丧失劳动能力的,享受伤残待遇。工伤认定和劳动能力鉴定应当简捷、方便。

第三十七条　职工因下列情形之一导致本人在工作中伤亡的,不认定为工伤:

(一)故意犯罪;(二)醉酒或者吸毒;(三)自残或者自杀;(四)法律、行政法规规定的其他情形。

第三十八条　因工伤发生的下列费用,按照国家规定从工伤保险基金中支付:(一)治疗工伤的医疗费用和康复费用;(二)住院伙食补助费;(三)到统筹地区以外就医的交通食宿费;(四)安装配置伤残辅助器具所需费用;(五)生活不能自理的,经劳动能力鉴定委员会确认的生活护理费;(六)一次性伤残补助金和一至四级伤残职工按月领取的伤残津贴;(七)终止或者解除劳动合同时,应当享受的一次性医疗补助金;(八)因工死亡的,其遗属领取的丧葬补助金、供养亲属抚恤金和因工死亡补助金;(九)劳动能力鉴定费。

第三十九条　因工伤发生的下列费用,按照国家规定由用人单位支付:

(一)治疗工伤期间的工资福利;(二)五级、六级伤残职工按月领取的伤残津贴;(三)终止或者解除劳动合同时,应当享受的一次性伤残就业补助金。

第四十条　工伤职工符合领取基本养老金条件的,停发伤残津贴,享受基本养老保险待遇。基本养老保险待遇低于伤残津贴的,从工伤保险基金中补足差额。

第四十一条　职工所在用人单位未依法缴纳工伤保险费,发生工伤事故的,由用人单位支付工伤保险待遇。用人单位不支付的,从工伤保险基金中先行支付。从工伤保险基金中先行支付的工伤保险待遇应当由用人单位偿还。用人单位不偿还的,社会保险经办机构可以依照本法第六十三条的规定追偿。

第四十二条　由于第三人的原因造成工伤,第三人不支付工伤医疗费用或者无法确定第三人的,由工伤保险基金先行支付。工伤保险基金先行支付后,有权向第三人追偿。

第四十三条　工伤职工有下列情形之一的,停止享受工伤保险待遇:(一)丧失享受待遇条件的;(二)拒不接受劳动能力鉴定的;(三)拒绝治疗的。

第五章　失业保险

第四十四条　职工应当参加失业保险,由用人单位和职工按照国家规定共同缴纳失业保险费。

第四十五条　失业人员符合下列条件的,从失业保险基金中领取失业保险金:(一)失业前用人单位和本人已经缴纳失业保险费满一年的;(二)非因本人意愿中断就业的;(三)已经进行失业登记,并有求职要求的。

第四十六条　失业人员失业前用人单位和本人累计缴费满一年不足五年的,领取失业保险金的期限最长为十二个月;累计缴费满五年不足十年的,领取失业保险金的期限最长为十八个月;累计缴费十年以上的,领取失业保险金的期限最长为二十四个月。重新就业后,再次失业的,缴费时间重新计算,领取失业保险金的期限与前次失业应当领取而尚未领取的失业保险金的期限合并计算,最长不超过二十四个月。

第四十七条　失业保险金的标准,由省、自治区、直辖市人民政府确定,不得低于城市居民最低生活保障标准。

第四十八条　失业人员在领取失业保险金期间,参加职工基本医疗保险,享受基本医疗保险待遇。失业人员应当缴纳的基本医疗保险费从失业保险基金中支付,个人不缴纳基本医疗保险费。

第四十九条　失业人员在领取失业保险金期间死亡的,参照当地对在职职工死亡的规定,向其遗属发给一次性丧葬补助金和抚恤金。所需资金从失业保险基金中支付。个人死亡同时符合领取基本养老保险丧葬补助金、工伤保险丧葬补助金和失业保险丧葬补助金条件的,其遗属只能选择领取其中的一项。

第五十条　用人单位应当及时为失业人员出具终止或者解除劳动关系的证明,并将失业人员的名单自终止或者解除劳动关系之日起十五日内告知社会保险经办机构。失业人员应当持本单位为其出具的终止或者解除劳动关系的证明,及时到指定的公共就业服务机构办理失业登记。失业人员凭失业登记证明和个人身份证明,到社会保险经办机构办理领取失业保险金的手续。失业保险金领取期限自办理失业登记之日起计算。

第五十一条　失业人员在领取失业保险金期间有下列情形之一的,停止领取失业保险金,并同时停止享受其他失业保险待遇:(一)重新就业的;(二)应征服兵役的;(三)移居境外的;(四)享受基本养老保险待遇的;(五)无正当理由,拒不接受当地人民政府指定部门或者机构介绍的适当工作或者提供的培训的。

第五十二条　职工跨统筹地区就业的,其失业保险关系随本人转移,缴费年限累计计算。

第六章　生育保险

第五十三条　职工应当参加生育保险,由用人单位按照国家规定缴纳生育保险费,职工不缴纳生育保险费。

第五十四条　用人单位已经缴纳生育保险费的,其职工享受生育保险待遇;职工未就业配偶按照国家规定享受生育医疗费用待遇。所需资金从生育保险基金中支付。

生育保险待遇包括生育医疗费用和生育津贴。

第五十五条　生育医疗费用包括下列各项:(一)生育的医疗费用;(二)计划生育的医疗费用;(三)法律、法规规定的其他项目费用。

第五十六条　职工有下列情形之一的,可以按照国家规定享受生育津贴:(一)女职工生育享受产假;(二)享受计划生育手术休假;(三)法律、法规规定的其他情形。生育津贴按照职工所在用人单位上年度职工月平均工资计发。

第七章　社会保险费征缴

第五十七条　用人单位应当自成立之日起三十日内凭营业执照、登记证书或者单位印章,向当地社会保险经办机构申请办理社会保险登记。社会保险经办机构应当自收到申请之日起十五日内予以审核,发给社会保险登记证件。用人单位的社会保险登记事项发生变更或者用人单位依法终止的,应当自变更或者终止之日起三十日内,到社会保险经办机构办理变更或者注销社会保险登记。市场监督管理部门、民政部门和机构编制管理机关应当及时向社会保险经办机构通报用人单位的成立、终止情况,公安机关应当及时向社会保险经办机构通报个人的出生、死亡以及户口登记、迁移、注销等情况。

第五十八条　用人单位应当自用工之日起三十日内为其职工向社会保险经办机构申请办理社会保险登记。未办理社会保险登记的,由社会保险经办机构核定其应当缴纳的社会保险费。自愿参加社会保险的无雇工的个体工商户、未在用人单位参加社会保险的非全日制从业人员以及其他灵活就业人员,应当向社会保险经办机构申请办理社会保险登记。国家建立全国统一的个人社会保障号码。个人社会保障号码为居民身份证号码。

第五十九条　县级以上人民政府加强社会保险费的征收工作。社会保险费实行统一征收,实施步骤和具体办法由国务院规定。

第六十条　用人单位应当自行申报、按时足额缴纳社会保险费,非因不可抗力等法定事由不得缓缴、减免。职工应当缴纳的社会保险费由用人单位代扣代缴,用人单位应当按月将缴纳社会保险费的明细情况告知本人。无雇工的个体工商户、未在用人单位参加社会保险的非全日制从业人员以及其他灵活就业人员,可以直接向社会保险费征收机构缴纳社会保险费。

第六十一条　社会保险费征收机构应当依法按时足额征收社会保险费,并将缴费情况定期告知用人单位和个人。

第六十二条　用人单位未按规定申报应当缴纳的社会保险费数额的,按照该单位上月缴费额的百分之一百一十确定应当缴纳数额;缴费单位补办申报手续后,由社会保险费征收机构按照规定结算。

第六十三条　用人单位未按时足额缴纳社会保险费的,由社会保险费征收机构责令其限期缴纳或者补足。

用人单位逾期仍未缴纳或者补足社会保险费的,社会保险费征收机构可以向银行和其他金融机构查询其存款账户;并可以申请县级以上有关行政部门做出划拨社会保险费的决定,书面通知其开户银行或者其他金融机构划拨社会保险费。用人单位账户余额少于应当缴纳的社会保险费的,社会保险费征收机构可以要求该用人单位提供担保,签订延期缴费协议。用人单位未足额缴纳社会保险费且未提供担保的,社会保险费征收机构可以申请人民法院扣押、查封、拍卖其价值相当于应当缴纳社会保险费的财产,以拍卖所得抵缴社会保险费。

第八章 社会保险基金

第六十四条 社会保险基金包括基本养老保险基金、基本医疗保险基金、工伤保险基金、失业保险基金和生育保险基金。除基本医疗保险基金与生育保险基金合并建账即核算外,其他各项社会保险基金按照社会保险险种分别建账,分账核算。社会保险基金执行国家统一的会计制度。社会保险基金专款专用,任何组织和个人不得侵占或者挪用。基本养老保险基金逐步实行全国统筹,其他社会保险基金逐步实行省级统筹,具体时间、步骤由国务院规定。

第六十五条 社会保险基金通过预算实现收支平衡。县级以上人民政府在社会保险基金出现支付不足时,给予补贴。

第六十六条 社会保险基金按照统筹层次设立预算。除基本医疗保险基金与生育基金合并建账及核算外,其他各项社会保险基金预算按照社会保险项目分别编制。

第六十七条 社会保险基金预算、决算草案的编制、审核和批准,依照法律和国务院规定执行。

第六十八条 社会保险基金存入财政专户,具体管理办法由国务院规定。

第六十九条 社会保险基金在保证安全的前提下,按照国务院规定投资运营实现保值增值。社会保险基金不得违规投资运营,不得用于平衡其他政府预算,不得用于兴建、改建办公场所和支付人员经费、运行费用、管理费用,或者违反法律、行政法规规定挪作其他用途。

第七十条 社会保险经办机构应当定期向社会公布参加社会保险情况以及社会保险基金的收入、支出、结余和收益情况。

第七十一条 国家设立全国社会保障基金,由中央财政预算拨款以及国务院批准的其他方式筹集的资金构成,用于社会保障支出的补充、调剂。全国社会保障基金由全国社会保障基金管理运营机构负责管理运营,在保证安全的前提下实现保值增值。全国社会保障基金应当定期向社会公布收支、管理和投资运营的情况。国务院财政部门、社会保险行政部门、审计机关对全国社会保障基金的收支、管理和投资运营情况实施监督。

第九章　社会保险经办

第七十二条　统筹地区设立社会保险经办机构。社会保险经办机构根据工作需要,经所在地的社会保险行政部门和机构编制管理机关批准,可以在本统筹地区设立分支机构和服务网点。社会保险经办机构的人员经费和经办社会保险发生的基本运行费用、管理费用,由同级财政按照国家规定予以保障。

第七十三条　社会保险经办机构应当建立健全业务、财务、安全和风险管理制度。社会保险经办机构应当按时足额支付社会保险待遇。

第七十四条　社会保险经办机构通过业务经办、统计、调查获取社会保险工作所需的数据,有关单位和个人应当及时、如实提供。社会保险经办机构应当及时为用人单位建立档案,完整、准确地记录参加社会保险的人员、缴费等社会保险数据,妥善保管登记、申报的原始凭证和支付结算的会计凭证。社会保险经办机构应当及时、完整、准确地记录参加社会保险的个人缴费和用人单位为其缴费,以及享受社会保险待遇等个人权益记录,定期将个人权益记录单免费寄送本人。用人单位和个人可以免费向社会保险经办机构查询、核对其缴费和享受社会保险待遇记录,要求社会保险经办机构提供社会保险咨询等相关服务。

第七十五条　全国社会保险信息系统按照国家统一规划,由县级以上人民政府按照分级负责的原则共同建设。

第十章　社会保险监督

第七十六条　各级人民代表大会常务委员会听取和审议本级人民政府对社会保险基金的收支、管理、投资运营以及监督检查情况的专项工作报告,组织对本法实施情况的执法检查等,依法行使监督职权。

第七十七条　县级以上人民政府社会保险行政部门应当加强对用人单位和个人遵守社会保险法律、法规情况的监督检查。社会保险行政部门实施监督检查时,被检查的用人单位和个人应当如实提供与社会保险有关的资料,不得拒绝检查或者谎报、瞒报。

第七十八条　财政部门、审计机关按照各自职责,对社会保险基金的收支、管理和投资运营情况实施监督。

第七十九条　社会保险行政部门对社会保险基金的收支、管理和投资运营情况进行监督检查,发现存在问题的,应当提出整改建议,依法做出处理决定或者向有关行政部门提出处理建议。社会保险基金检查结果应当定期向社会公布。社会保险行政部门对社会保险基金实施监督检查,有权采取下列措施:(一)查阅、记录、复制与社会保险基金收支、管理和投资运营相关的资料,对可能被转移、隐匿或者灭失的资料予以封存;(二)询问与调查事项有关的单位和个人,要求其对与调查事项有关的问题做出说明、提供有关证明材料;(三)对隐匿、转移、侵占、挪用社会保险基金的行为予以制止并责令改正。

第八十条　统筹地区人民政府成立由用人单位代表、参保人员代表,以及工会代表、专家等组成的社会保险监督委员会,掌握、分析社会保险基金的收支、管理和投资运营情况,对社会保险工作提出咨询意见和建议,实施社会监督。社会保险经办机构应当定期向社会保险监督委员会汇报社会保险基金的收支、管理和投资运营情况。社会保险监督委员会可以聘请会计师事务所对社会保险基金的收支、管理和投资运营情况进行年度审计和专项审计。审计结果应当向社会公开。社会保险监督委员会发现社会保险基金收支、管理和投资运营中存在问题的,有权提出改正建议;对社会保险经办机构及其工作人员的违法行为,有权向有关部门提出依法处理建议。

第八十一条　社会保险行政部门和其他有关行政部门、社会保险经办机构、社会保险费征收机构及其工作人员,应当依法为用人单位和个人的信息保密,不得以任何形式泄露。

第八十二条　任何组织或者个人有权对违反社会保险法律、法规的行为进行举报、投诉。社会保险行政部门、卫生行政部门、社会保险经办机构、社会保险费征收机构和财政部门、审计机关对属于本部门、本机构职责范围的举报、投诉,应当依法处理;对不属于本部门、本机构职责范围的,应当书面通知并移交有权处理的部门、机构处理。有权处理的部门、机构应当及时处理,不得推诿。

第八十三条　用人单位或者个人认为社会保险费征收机构的行为侵害自己合法权益的,可以依法申请行政复议或者提起行政诉讼。用人单位或者个人对社会保险经办机构不依法办理社会保险登记、核定社会保险费、支付社会保险待遇、办理社会保险转移接续手续或者侵害其他社会保险权益的行为,可以依法申请行政复议或者提起行政诉讼。个人与所在用人单位发生社会保险争议的,可以依法申请调解、仲裁,提起诉讼。用人单位侵害个人社会保险权益的,个人也可以要求社会保险行政部门或者社会保险费征收机构依法处理。

第十一章　法律责任

第八十四条　用人单位不办理社会保险登记的,由社会保险行政部门责令限期改正;逾期不改正的,对用人单位处应缴社会保险费数额一倍以上三倍以下的罚款,对其直接负责的主管人员和其他直接责任人员处五百元以上三千元以下的罚款。

第八十五条　用人单位拒不出具终止或者解除劳动关系证明的,依照《中华人民共和国劳动合同法》的规定处理。

第八十六条　用人单位未按时足额缴纳社会保险费的,由社会保险费征收机构责令限期缴纳或者补足,并自欠缴之日起,按日加收万分之五的滞纳金;逾期仍不缴纳的,由有关行政部门处欠缴数额一倍以上三倍以下的罚款。

第八十七条 社会保险经办机构以及医疗机构、药品经营单位等社会保险服务机构以欺诈、伪造证明材料或者其他手段骗取社会保险基金支出的,由社会保险行政部门责令退回骗取的社会保险金,处骗取金额二倍以上五倍以下的罚款;属于社会保险服务机构的,解除服务协议;直接负责的主管人员和其他直接责任人员有执业资格的,依法吊销其执业资格。

第八十八条 以欺诈、伪造证明材料或者其他手段骗取社会保险待遇的,由社会保险行政部门责令退回骗取的社会保险金,处骗取金额二倍以上五倍以下的罚款。

第八十九条 社会保险经办机构及其工作人员有下列行为之一的,由社会保险行政部门责令改正;给社会保险基金、用人单位或者个人造成损失的,依法承担赔偿责任;对直接负责的主管人员和其他直接责任人员依法给予处分:(一)未履行社会保险法定职责的;(二)未将社会保险基金存入财政专户的;(三)克扣或者拒不按时支付社会保险待遇的;(四)丢失或者篡改缴费记录、享受社会保险待遇记录等社会保险数据、个人权益记录的;(五)有违反社会保险法律、法规的其他行为的。

第九十条 社会保险费征收机构擅自更改社会保险费缴费基数、费率,导致少收或者多收社会保险费的,由有关行政部门责令其追缴应当缴纳的社会保险费或者退还不应当缴纳的社会保险费;对直接负责的主管人员和其他直接责任人员依法给予处分。

第九十一条 违反本法规定,隐匿、转移、侵占、挪用社会保险基金或者违规投资运营的,由社会保险行政部门、财政部门、审计机关责令追回;有违法所得的,没收违法所得;对直接负责的主管人员和其他直接责任人员依法给予处分。

第九十二条 社会保险行政部门和其他有关行政部门、社会保险经办机构、社会保险费征收机构及其工作人员泄露用人单位和个人信息的,对直接负责的主管人员和其他直接责任人员依法给予处分;给用人单位或者个人造成损失的,应当承担赔偿责任。

第九十三条 国家工作人员在社会保险管理、监督工作中滥用职权、玩忽职守、徇私舞弊的,依法给予处分。

第九十四条 违反本法规定,构成犯罪的,依法追究刑事责任。

第十二章 附 则

第九十五条 进城务工的农村居民依照本法规定参加社会保险。

第九十六条 征收农村集体所有的土地,应当足额安排被征地农民的社会保险费,按照国务院规定将被征地农民纳入相应的社会保险制度。

第九十七条　外国人在中国境内就业的,参照本法规定参加社会保险。

第九十八条　本法自 2011 年 7 月 1 日起施行。

附 录 二

中华人民共和国社会保险法实施细则

中华人民共和国人力资源和社会保障部令第 13 号

第一章　关于基本养老保险

第一条　社会保险法第十五条规定的统筹养老金,按照国务院规定的基础养老金计发办法计发。

第二条　参加职工基本养老保险的个人达到法定退休年龄时,累计缴费不足十五年的,可以延长缴费至满十五年。社会保险法实施前参保、延长缴费五年后仍不足十五年的,可以一次性缴费至满十五年。

第三条　参加职工基本养老保险的个人达到法定退休年龄后,累计缴费不足十五年(含依照第二条规定延长缴费)的,可以申请转入户籍所在地新型农村社会养老保险或者城镇居民社会养老保险,享受相应的养老保险待遇。参加职工基本养老保险的个人达到法定退休年龄后,累计缴费不足十五年(含依照第二条规定延长缴费),且未转入新型农村社会养老保险或者城镇居民社会养老保险的,个人可以书面申请终止职工基本养老保险关系。社会保险经办机构收到申请后,应当书面告知其转入新型农村社会养老保险或者城镇居民社会养老保险的权利以及终止职工基本养老保险关系的后果,经本人书面确认后,终止其职工基本养老保险关系,并将个人账户储存额一次性支付给本人。

第四条　参加职工基本养老保险的个人跨省流动就业,达到法定退休年龄时累计缴费不足十五年的,按照《国务院办公厅关于转发人力资源社会保障部财政部城镇企业职工基本养老保险关系转移接续暂行办法的通知》(国办发〔2009〕66 号)有关待遇领取地的规定确定继续缴费地后,按照本规定第二条办理。

第五条　参加职工基本养老保险的个人跨省流动就业,符合按月领取基本养老金条件时,基本养老金分段计算、统一支付的具体办法,按照《国务院办公厅关于转发人力资源社会保障部财政部城镇企业职工基本养老保险关系转移接续暂行办法的通知》(国办发〔2009〕66 号)执行。

第六条　职工基本养老保险个人账户不得提前支取。个人在达到法定的领取基本养老金条件前离境定居的,其个人账户予以保留,达到法定领取条件时,按照国家规定享受相应的养老保险待遇。其中,丧失中华人民共和国国籍的,可以在其离境时或者离境后书面申请终止职工基本养老保险关系。社会保险经办机构收到申请后,应当书面告知其保留个人账户的权利以及终止职工基本养老保险关系的后果,经本人书面确认后,终止其职工基本养老保险关系,并将个人账户储存额一次性支付给本人。参加职工基本养老保险的个人死亡后,其个人账户中的余额可以全部依法继承。

第二章　关于基本医疗保险

第七条　社会保险法第二十七条规定的退休人员享受基本医疗保险待遇的缴费年限按照各地规定执行。参加职工基本医疗保险的个人,基本医疗保险关系转移接续时,基本医疗保险缴费年限累计计算。

第八条　参保人员在协议医疗机构发生的医疗费用,符合基本医疗保险药品目录、诊疗项目、医疗服务设施标准的,按照国家规定从基本医疗保险基金中支付。参保人员确需急诊、抢救的,可以在非协议医疗机构就医;因抢救必须使用的药品可以适当放宽范围。参保人员急诊、抢救的医疗服务具体管理办法由统筹地区根据当地实际情况制定。

第三章　关于工伤保险

第九条　职工(包括非全日制从业人员)在两个或者两个以上用人单位同时就业的,各用人单位应当分别为职工缴纳工伤保险费。职工发生工伤,由职工受到伤害时工作的单位依法承担工伤保险责任。

第十条　社会保险法第三十七条第二项中的醉酒标准,按照《车辆驾驶人员血液、呼气酒精含量阈值与检验》(GB19522－2004)执行。公安机关交通管理部门、医疗机构等有关单位依法出具的检测结论、诊断证明等材料,可以作为认定醉酒的依据。

第十一条　社会保险法第三十八条第八项中的因工死亡补助金是指《工伤保

险条例》第三十九条的一次性工亡补助金,标准为工伤发生时上一年度全国城镇居民人均可支配收入的20倍。上一年度全国城镇居民人均可支配收入以国家统计局公布的数据为准。

第十二条　社会保险法第三十九条第一项治疗工伤期间的工资福利,按照《工伤保险条例》第三十三条有关职工在停工留薪期内应当享受的工资福利和护理等待遇的规定执行。

第四章　关于失业保险

第十三条　失业人员符合社会保险法第四十五条规定条件的,可以申请领取失业保险金并享受其他失业保险待遇。其中,非因本人意愿中断就业包括下列情形:(一)依照劳动合同法第四十四条第一项、第四项、第五项规定终止劳动合同的;(二)由用人单位依照劳动合同法第三十九条、第四十条、第四十一条规定解除劳动合同的;(三)用人单位依照劳动合同法第三十六条规定向劳动者提出解除劳动合同并与劳动者协商一致解除劳动合同的;(四)由用人单位提出解除聘用合同或者被用人单位辞退、除名、开除的;(五)劳动者本人依照劳动合同法第三十八条规定解除劳动合同的;(六)法律、法规、规章规定的其他情形。

第十四条　失业人员领取失业保险金后重新就业的,再次失业时,缴费时间重新计算。失业人员因当期不符合失业保险金领取条件的,原有缴费时间予以保留,重新就业并参保的,缴费时间累计计算。

第十五条　失业人员在领取失业保险金期间,应当积极求职,接受职业介绍和职业培训。失业人员接受职业介绍、职业培训的补贴由失业保险基金按照规定支付。

第五章　关于基金管理和经办服务

第十六条　社会保险基金预算、决算草案的编制、审核和批准,依照《国务院关于试行社会保险基金预算的意见》(国发〔2010〕2号)的规定执行。

第十七条　社会保险经办机构应当每年至少一次将参保人员个人权益记录单通过邮寄方式寄送本人。同时,社会保险经办机构可以通过手机短信或者电子邮件等方式向参保人员发送个人权益记录。

第十八条　社会保险行政部门、社会保险经办机构及其工作人员应当依法为用人单位和个人的信息保密,不得违法向他人泄露下列信息:(一)涉及用人单位商业秘密或者公开后可能损害用人单位合法利益的信息;(二)涉及个人权益的信息。

第六章　关于法律责任

第十九条　用人单位在终止或者解除劳动合同时拒不向职工出具终止或者解除劳动关系证明,导致职工无法享受社会保险待遇的,用人单位应当依法承担赔偿责任。

第二十条　职工应当缴纳的社会保险费由用人单位代扣代缴。用人单位未依法代扣代缴的,由社会保险费征收机构责令用人单位限期代缴,并自欠缴之日起向用人单位按日加收万分之五的滞纳金。用人单位不得要求职工承担滞纳金。

第二十一条　用人单位因不可抗力造成生产经营出现严重困难的,经省级人民政府社会保险行政部门批准后,可以暂缓缴纳一定期限的社会保险费,期限一般不超过一年。暂缓缴费期间,免收滞纳金。到期后,用人单位应当缴纳相应的社会保险费。

第二十二条　用人单位按照社会保险法第六十三条的规定,提供担保并与社会保险费征收机构签订缓缴协议的,免收缓缴期间的滞纳金。

第二十三条　用人单位按照本规定第二十一条、第二十二条缓缴社会保险费期间,不影响其职工依法享受社会保险待遇。

第二十四条　用人单位未按月将缴纳社会保险费的明细情况告知职工本人的,由社会保险行政部门责令改正;逾期不改的,按照《劳动保障监察条例》第三十条的规定处理。

第二十五条　医疗机构、药品经营单位等社会保险服务机构以欺诈、伪造证明材料或者其他手段骗取社会保险基金支出的,由社会保险行政部门责令退回骗取的社会保险金,处骗取金额二倍以上五倍以下的罚款。对与社会保险经办机构签订服务协议的医疗机构、药品经营单位,由社会保险经办机构按照协议追究责任,情节严重的,可以解除与其签订的服务协议。对有执业资格的直接负责的主管人员和其他直接责任人员,由社会保险行政部门建议授予其执业资格的有关主管部门依法吊销其执业资格。

第二十六条　社会保险经办机构、社会保险费征收机构、社会保险基金投资运营机构、开设社会保险基金专户的机构和专户管理银行及其工作人员有下列违法情形的,由社会保险行政部门按照社会保险法第九十一条的规定查处:(一)将应征和已征的社会保险基金,采取隐藏、非法放置等手段,未按规定征缴、入账的;(二)违规将社会保险基金转入社会保险基金专户以外的账户的;(三)侵吞社会保险基金的;(四)将各项社会保险基金互相挤占或者其他社会保障基金挤占社会保险基金的;(五)将社会保险基金用于平衡财政预算,兴建、改建办公场所和支付人员经费、运行费用、管理费用的;(六)违反国家规定的投资运营政策的。

第七章　其　他

第二十七条　职工与所在用人单位发生社会保险争议的,可以依照《中华人民共和国劳动争议调解仲裁法》《劳动人事争议仲裁办案规则》的规定,申请调解、仲裁,提起诉讼。职工认为用人单位有未按时足额为其缴纳社会保险费等侵害其社会保险权益行为的,也可以要求社会保险行政部门或者社会保险费征收机构依法处理。社会保险行政部门或者社会保险费征收机构应当按照社会保险法和《劳动保障监察条例》等相关规定处理。在处理过程中,用人单位对双方的劳动关系提出异议的,社会保险行政部门应当依法查明相关事实后继续处理。

　　第二十八条　在社会保险经办机构征收社会保险费的地区,社会保险行政部门应当依法履行社会保险法第六十三条所规定的有关行政部门的职责。

　　第二十九条　2011 年 7 月 1 日后对用人单位未按时足额缴纳社会保险费的处理,按照社会保险法和本规定执行;对 2011 年 7 月 1 日前发生的用人单位未按时足额缴纳社会保险费的行为,按照国家和地方人民政府的有关规定执行。

　　第三十条　本规定自 2011 年 7 月 1 日起施行。

参 考 文 献

[1] 孙利华. 药物经济学[M]. 北京:人民卫生出版社,2014.

[2] 尼尔·基什特尼. 经济学通识课[M]. 北京:民主与建设出版社,2017.

[3] 高鸿业. 西方经济学[M]. 北京:中国人民大学出版社,2016.

[4] 任保平. 微观经济学[M]. 北京:科学出版社,2009.

[5] 王晓燕. 我国社会医疗保险费用的合理分摊与控制研究:基于系统动力学视角
[M]. 北京:经济管理出版社,2010.

[6] 陈洁. 药物经济学[M]. 北京:人民卫生出版社,2006.

[7] 亚当·斯密. 国富论[M]. 北京:民主与建设出版社,2017.

[8] 保罗·萨缪尔森,威廉·诺德豪斯. 微观经济学[M]. 北京:人民邮电出版
社,2012.

[9] 格里高利·曼昆. 经济学原理(微观经济学分册)[M]. 7版. 北京:北京大学出
版社,2015.

[10] 阿尔费雷德·马歇尔. 经济学原理[M]. 长沙:湖南文艺出版社,2012.

[11] 项俊波. 保险基础知识[M]. 北京:中国财政经济出版社,2013.

[12] 邓大松. 社会保险[M]. 北京:中国劳动社会保障出版社,2015.

[13] 中国人力资源和社会保障部. 国家基本医疗、工伤保险和生育保险药品目录
(2017年版)[M]. 北京:中国劳动社会保障出版社,2017.

[14] 胡继晔. 如何构建更加公平可持续的中国社保制度[J]. 中国经济报告,2018
(11):32 – 35.

[15] 胡继晔,董亚威. 社保征缴制度改革:回顾与展望[J]. 中国人力资源社会保
障,2018(12):22 – 24.

[16] 金维刚. 社保改革发展的回顾与展望[J]. 中国社会保障,2018(12):36 – 37.

[17] 姜学夫. 我国大病保险制度面临问题及可持续发展建议[J]. 中国人力资源社
会保障,2018(10):35 – 36.

[18] 石汉. 不断变革推动社保体系走向完善[J]. 中国社会保障,2018(10):3.

[19] 江英. 人口老龄化对医疗保险制度的挑战及对策思考[J]. 财经界(学术版),
2018(19):123.

［20］栗燕杰.中国社保法治的现状与未来:《社会保险法》实施效果评估［J］.中国医疗保险,2015(1):17-19.

［21］王宝杰.打好新常态下的社保攻坚战［J］.中国人力资源社会保障,2015(3):11.

［22］王文序.提供优质就业服务推动社保均衡发展［N］.中国劳动保障报,2016-12-30(3).

［23］叶翠.让人民群众共享社保惠民成果［N］.哈密日报(汉),2016-12-29(001).

［24］王英明.李鑫我国社会医疗保险费用法律控制途径研究［J］.盛京法律评论,2017,4(2):105-126.

［25］胡绍雨.我国城乡基本医疗保险一体化研究［J］.湖北社会科学,2017(12):46-52.

［26］卫欢.美国医疗责任保险制度及其经验借鉴［J］.中国卫生事业管理,2016,33(12):903-907.

［27］左进.浅析保险机构与医疗服务行业的合作［J］.保险职业学院学报,2016,30(6):25-27.

［28］殷志芳.城乡居民大病保险的若干争议与解决:基于公平与效率视角［J］.长沙航空职业技术学院学报,2017,17(4):101-105.

［29］方鹏骞,赵圣文.我国高值药品医疗保险管理策略探讨［J］.中国卫生事业管理,2017,34(11):826-828.

［30］叶然,郑大喜.药品零差价下公立医院的对策［J］.卫生软科学,2018,32(9):9.

［31］杨敏,胡世超.城乡居民基本医疗保险制度整合:理论阐释与现实路径［J］.湖北社会科学,2017(11):44-49.

［32］章程.城乡居民基本医疗保险制度福利效应研究:从整体消费行为视角出发［J］.社会科学辑刊,2018(6):142-151.